これからの大学

松村圭一郎

The Future University

KEIICHIRO MATSUMURA

春秋社

はじめに　自分のための学びをこえて

「大学に入れたのは、君たちの努力や能力の結果ではありません」

大学に入学したばかりの新入生にこんな話をしたら、みんな驚いた顔になります。そりゃそうですよね。自分の夢を実現するために必死に受験勉強して大学に入ったばかりです。でも、勘違いしてもらっては困るんです。

世界的にみれば、大学に通える人の数はすごく限られています。以前、「世界がもし一〇〇人の村だったら」という文章が話題になったことがありました。そのなかでは、大学教育を受けられるのは一〇〇人のうち一人だけでした（二〇一六年版では七人）。いまだに大学教育は世界のごく少数の人にだけ与えられた機会です。

日本では大学進学率が五割を超え、大学が七〇〇以上もあります。私が長年、研究で関わってきたエチオピアだと、大学進学率がわずか八％ほど。これでも近年、急激に増加してきた結果です。一九九〇年代初頭には、初等教育への就学率ですら三割ほどしかなかったといわれています。

そんな視点からみれば、大学で学ぶことができる理由は、個人の努力の結果というよりも、日本という豊かな国に生まれ育ったことの恩恵がはるかに大きいのです。

大学に行く。それはある種の特権です。経済的に余裕のある国でなければ、大学制度を維持することはできません。逆に大学制度があることで、「先進国」といわれる国は世界での優位な地位を維持しているのかもしれません。

大学や学問には、社会的使命があります。なので、大学での学びは個人の自己実現のためだけにあるわけではないのです。社会にとって、世界にとって、重要な役割を果たす人間を育てるために、大学という高等教育機関はあります。

多くの国で義務教育とされ、無償で提供される初等教育、そして日本では中学と高校にあたる中等教育を終えてなお、大学で高等教育を受ける意味はどこにあるのでしょうか？この本では、あらためてそのことを考えてみたいと思います。

知識を身につけ、社会で役に立つ人を育てる。それが教育の役割だと思われるかもしれません。ただし、これからの時代に、はたしてどんな「人」が必要になるのか、社会で

「役に立つ」ってどういうことを意味するのか、そこで「教育」に何が求められるのか、学ぶべき「知識」は、これまでと同じままでいいのか、そのそもそもの土台がいま問われています。

できるだけ偏差値の高い大学に行って、いいところに就職をしたい。そう何も疑問をもたずに考えている人もいるかもしれません。でもたぶん、もうそういう時代ではないと思います。企業はグローバル化し、もはや日本の企業が日本の大学を卒業した人だけを採用しつづけているわけではありません。少子化も進み、このまま同じように多くの数の大学が維持されるかどうかも不透明です。

大学とはどんな場所なのか、そこで学ぶ意味とは何なのか、大学や学問には社会全体にとってどんな役割があるのか。次の時代をみすえたうえで、ここであらためて私自身の問題として考えてみようと思います。

私が最初に大学の教壇に立って講義をしたのは、二〇〇六年のことです。非常勤先での授業でした。最初は緊張で何を話していいのやら、まったくわからず、ひたすら準備してきたことを説明するだけで精一杯でした。でも、しばらくして自分のゼミの学生をもつようになって、これから社会に出て働こうとする学生たちの姿を目の前にすると、何かを伝えなければ、という思いが強くなっていきました。

そして、いろんな場面で、さまざまなことを学生に語るようになりました。マイクをもって緊張して何を話せばよいのか当惑していたころが信じられないくらいです。社会に出るにあたって、まだいろんな面で不安を感じてしまう学生たちを前にして、伝えたいこと、話したいことが次つぎにわきあがってきました。

前もって考えておいたことを説明することもあれば、その場の思いつきで話すこともあります。同じ話を別の学生に向かって話すうちに、内容が変化したり、違う表現や例え話が加わったりすることもあります。それらはいずれも自分のなかに最初からはっきりとした考えとしてあったものではありません。

学生を前に「話す」ことをとおして、あるいは「話す」という立場に立たされてはじめて、言葉にしたことがほとんどです。まさに、目の前にいる学生たちから引き出され、考えつづけるよう促された結果です。そういう意味では、この本に書かれてあることのほとんどは、これまで接してきた学生たちから受けとったギフトでもあります。

いまだに話したあとに、こういえばよかった、もっとこういうことも伝えるべきだった、といつも反省しています。ただ話すばかりでは消えていく一方なので、あらためてこの本で文章にして、考えを整理してみたいと思います。

自分が伝えたいと思う相手は、たぶん特定の大学の学生だけではありません。大学生全般というわけでもない。「大学」あるいは「学問」から学ぼうという、すべての学ぶ人のために、言葉をつむいでいこうと思います。

ここで書かれていることは、おもに私自身が関わってきた人文系の学問、とりわけ文化人類学の視点に立って考えてきたことです。医療系や自然科学系の分野にはあてはまらないこともあるかもしれません。大学の専任教員として関わった大学は三つほどで、それほど多様な大学を知っているわけでもありません。ただ、大学／学問という大きな枠組みでみれば、共通する点も多いと思います。異分野や企業人など、さまざまな立場から私が書いたことがどうみえるのか、それも聞いてみたいところです。

この本が、これからの大学のあり方について、これからの学びについて、さらなる対話と思考を促すきっかけとなることを願っています。

これからの大学　目次

対談　これからのガッコウ

これからの大学

第1章

大学ってどんな場所?

世界最古の大学

そもそも大学は何のためにつくられたのか？　なにをするための場所なのか？　ここではまずそんな基本的な問いから考えていきましょう。

井上ひさしの『ボローニャ紀行』（文春文庫）のなかに、世界最古とされるボローニャ大学のことが書かれています。それはいまの時代からは想像もできない、驚くべき大学の姿です。

初めは、探究心の旺盛な学生たちが街の法学者のもとに集まって勉強していたが、そのうちに噂を聞きつけて、イングランド、ハンガリー、ポーランド、そして欧州のいたるところから学生たちがボローニャへやってきた。彼らは出身地別の学生団体である国民団をつくり、やがてその国民団にそって組合が結成される。それが一〇八八年のことでした。ちなみに、ラテン語のウニウェルシタス（Universitas）は、自治的な組合という意味で、だからユニヴァーシティというのは自治組合のことだったのですね。

学生が管理する大学だから、教授の人選は学生がやる。授業内容も、給料も学生が決める。つまらない講義をする教授や、聴講生の少ない教授からは学生が罰金を取る。それでも改善されなければ、その教授を学生が馘《くび》にする。もちろん、学長も学生から選ばれていました。

世界最古の大学は、いまの大学とはまったく違う場所でした。偏差値のためでも、いい就職をするためでもない。研究者が研究に没頭するための場所でもない。もっと学びたいという学生たちによる、学生たちのための大学だったのです。

時代は違っていても、この学生という学ぶ者たちが中心にいる姿は大学について考えるときのひとつの原点だと思います。そして、いまの大学で学生がサービスを享受するだけの受け身の存在になっているとしたら、大学の機能が麻痺していることのひとつのあらわれかもしれません。

ヨーロッパの大学は、その後も、いまとは違うかたちで続いてきました。文化人類学者の山口昌男が、『学問の春』（平凡社新書）で、ヨーロッパ中世のフランソワ・ヴィヨンという詩人についてふれています。ヴィヨンは、詩の先生とともにヨーロッパの大学を渡り歩きながら、詩作をしていました。

山口は、「放浪教授・学生団《ワンダリング・スカラー》」という知のスタイルがフランスの中世にあったと説明しています。先生がリヨンの大学にしばらく滞在すると、学生たちもそこにとどまって学び、先生が別の土地へ移動したら、一緒に移動する。そういう「放浪する学びの徒党」をつくっていたそうです。それはフランスに限らず、ヨーロッパでひろく見られました。

たとえば当時の知の先進地だったアイルランドのカトリック修道士たちが、ヨーロッパのいろんな場所に行き学問を説いて歩いたことが大学の基礎になっていきました。各地の僧院にそういう修道士が定着して教えはじめる。そこに学びたい者たちが集まってくる。イギリスの名門大学のオックスフォードも、フランスの古い大学も、そういうはじまりだったというのです。

山口は、固定した時間割・カリキュラムを全部決めて、そこに先生も学生も閉じ込めるのは、近代のあたらしい大学制度にすぎないのだと言います。この事例は、大学という場所に縛られない、もっと自由な学びの可能性を提示しています。

いま私たちがあたりまえだと思っている大学の制度、入学試験や単位、大学自体の社会的な位置づけも、かならずしも絶対的で変わらないものではありません。そもそも大学とはどんな場であるべきか、その未来の可能性は大学のはじまりという過去を知ることで、むしろ大きく広がるのかもしれません。

入学試験がある理由

現在の日本では、大学に入るために、多くの人が「受験」という関門をくぐります。入学試験などで一定の点数に達しなければ、大学で学ぶことはできません。受験生は、膨大な時間を使って、テストで点数をとるための勉強をしています。

この「受験勉強」では、テストの点数が高い順に評価されます。成績のよい人が「優秀」とされ、成績が悪いと「落ちこぼれ」となる。でも残念ながら、それは「仮の話」に過ぎません。試験の成績は、その人の能力のごく一部にすぎないからです。

大学が試験を課す理由は、簡単です。受験生に順番をつけるため。なるべく単純な仕組みで人間を序列化して、学生を選別するため。そこで複雑な人間の能力の一部だけを仮の判断材料として点数化しています。

テストの問題は、正解と不正解が明確にわかるものに限定されます。言い換えれば、点数化するのに適した「問い」だけが出題されます。複数の解答が可能な設問や議論のわかれている問題は出題のときに避けられるのです。なにしろ、複数の答え方が可能だったり、答えがひとつに定まらなかったりする設問があると、大学は出題ミスとして謝罪を求められるのですから。

でも、世のなかには正しい答えがひとつだけの問いなど、ほとんどありません。むしろ正解がないような問いを考える能力のほうが大切だったりします。たぶんそのことは多くの大人たちはわかっていると思います。

繰り返しになりますが、テストの成績は「仮のもの」に過ぎません。まずは、それを認識しておく必要があります。社会のなかには、そんな「仮のもの」があふれています。

東日本大震災のとき、私たちは原発の安全基準が想定されたリスクの範囲内での仮の基準に過ぎなかったことを思い知らされました。格付けやランキング、世論調査なども、限られた指標にもとづいたものでしかありません。

大学での学びは、世に出回っているそうした情報の多くが「仮のもの」だと知ることからはじまります。もちろん学問の世界にも「仮のもの」はたくさんあります。ある前提のなかで仮の答えを出していくことが、学問の目的の一部でもあります。

でも、学問の世界に身をおいている者であれば、それらがどれも暫定的な「答え」であることを意識しているはずです。ある情報の「正しさ」は、それ自体の真偽だけで決まるわけではありません。その「正しさ」を成り立たせている前提条件を問わないといけない。そうやって情報の周りを掘り下げていくと、ある次元では正しいと言えても、別の次元ではそう言えなくなることがよくあるのです。

大学では、授業で聞いた話が他の授業の話と食い違うことがあります。教科書にひとつの模範回答があることに慣れた学生にとっては、戸惑う状況かもしれません。それは、かならずしも教員のあいだで知識の「量」に差があるからではありません。知識を支える枠組みをどのように設定するかで、話が変わってくるのです。

その意味では、「仮のもの」の対極に「ホンモノ」があるわけでもない。このことは重要です。どんどん掘り下げていけば、究極の正解に到達するわけでもない。重要なのは、ある情報が他の情報とどのように関係しているかを考えることです。

「もっともらしさ」をつくりあげている情報どうしの関連性を見いだすこと。それが、学問の前提になる重要な作業です。たとえば、政党支持率などの世論調査の結果にしても、調査手法が違えば、結果は変わってきます。調査対象が偏らないようにランダムに電話をして調査をするにしても、固定電話にするか、携帯電話も含めるかで、対象者の偏りが変わってきます（若い世代は家に固定電話がない場合が増えているので、固定電話だけにすると回答が高齢世帯に偏る可能性があります）。

なんらかの調査にもとづいた「もっともらしい」と思える結果でも、「正しい」とは限りません。その「正しさ」はつねに検証すべき対象なのです。

そういう意味で、「知識」とは、暗記型のテストで問われるような特定の情報を知っているかどうかではありません。複数の情報の結びつきをとらえ、それらを関連づけながら暫定的な結論を出す。別の情報がみつかれば、結論をどんどん更新していく。それは、おのずと○か×かという「点」ではなく、考えていく「プロセス」になります。

最近、授業中に課題などを出すと、学生はすぐにスマートフォンを出してネットで調べはじめます。それ自体、別に悪いことではありません。どんなツールであれ、わからないことをすぐに調べる姿勢は大切です。むしろ、そのことは、ある情報を知っていたり、正確に覚えたりしていることが、ますます意味をもたなくなった現状をあらわしているのだと思います。

いまや、いつでもどこでも「情報」は手に入ります。だとしたら、ネットの情報をどのような視点で探しだし、妥当なものを選別し、そこからどうやって自分なりの「答え」を導き出していくか、そのプロセスをうまくできるかどうかが、ますます重要になっていると言えるでしょう。

「問い」には、いくつもの答えがあり、いくつもの答えに至る道筋がありえます。だから、ひとつしかない普遍的な「答え」をそのまま学生に覚えさせることが大学の役目ではありません。さまざまに食い違う情報のなかから、自分にとっての「正解」を探しだす力をつける。

そんな考えるプロセスを大切にする大学で、その学びの最初の関門が、ひとつの正解しかないテストの点数であることは、残念ながらとても皮肉なことなのです。

大学で教えられる「学問」は、それまでの「勉強」と何がどう違うのでしょうか。ネットをそのまま書き写して「うまくやった」と思っている学生をみていると、複雑な気持ちになります。大学の学びとはなにか、もう少し考えていきましょう。

学問ってなに？

大学は「学問」をする場所です。その「学び」は、高校までの勉強と目的や方法が少し違います。大学では、正解を知っていたり、問題の正しい解き方を憶えたりすることは、かならずしも重要ではありません。食い違う情報のなかから、みずから問いをたて、複数の視点やアプローチを試しながら、自分なりの「答え」を探ることが求められます。最初は、それに戸惑う学生も少なくありません。

現実には、学生の多くがその学びの意味をとらえそこねているように思います。教員が求めていることと、学生がこれでいいだろうと思っている水準に大きな溝があるのです。授業で提示された問いに対して、ひとつの「正しい」答えを知りたがり、何を覚えておけばテストで点数がとれるのか、レポートでどんなことを書けば評価されるのか、と聞いてくる学生が後をたちません。

レポート課題では、ネットからのコピペや文献のまる写しをする人もいます。自分の意見と人のアイディアがごちゃまぜになった文章を書く人もいます。課題に「具体例をあげて」とあると、「どんな例ならいいんですか?」とかならず質問がきます。

コピペは、かならずしも、倫理的や法的に問題だからダメだというだけではありません。発信元の違う複数の情報をきちんと区別して、それらの確からしさや前提条件の違いをふまえながら、それぞれを相互に位置づける作業がなによりも大切なのです。どんな人がどういう場所で示した情報なのか、それらの情報と適切な距離をとって、分析や自分の解釈を提示しないと、きちんと検証され、吟味されたことになりません。誰かがネットに書いていることは「答え」ではなく、検証すべき情報のひとつなのです。

具体例をあげることは、自分で問いを立てる最初の一歩でもあります。自分なりの問いを考えるのに適切な事例とは何か、自力で情報を収集し、自分なりに考えてみる。学問にとって、この問いの立て方やその問いを考える筋道を見出していくことがとても重要になります。文字通り、学問とは「問い方を学ぶ」ものなのです。

問いを立て、それを考えるにふさわしい具体例を見つけ出し、そこから「答え」への道筋を導き出していく。大学では、この一連の作業を自力で行なうことが求められています。でもたぶん、こうした課題がなぜ重要なのか、その意図が学生にはうまく伝わっていないのですね。

「考える力」という言葉をよく耳にすると思います。でも、それはいったいどんな力なのでしょうか。いろんな説明の仕方があると思いますが、ここではさまざまな情報や考え方を複数の次元から立体的にとらえる力だとしておきましょう。

具体的な事例/情報のレベルから次元をあげて抽象化し、一般化可能な考え方をとりだす。ある情報から距離をとって、別の違う情報と組み合わせたり、比較したりしながら、それらを総合したレベルで物事を考えていく。その力が問われているのだと思います。

　ある情報を別の事例にあてはめたり、他の考え方と照らし合わせたりする。そこから、もう一段レベルの高い水準で理解の構図を描く。これが大学で求められる「考える力」のひとつです。こうした能力は、さまざまな要素が複雑に絡み合う現実に対応するために、必要不可欠の能力です。社会に出て企業などで働くときも、家庭生活を営んだり、子育てをしたりするときにも必要になるでしょう。

　この「水準や次元をあげる」ってどういうことか。やや抽象的でわかりにくいかもしれません。逆に単純な暗記型のテストで私たちが何をしているかを考えるとその対比がわかりやすいと思います。

　たとえば通常のテストのための勉強では、ひとつの次元で問いと答えを一致させることが求められます。テストで点をとるには、設問がどの次元の答えを求めているかをすぐ察知しないといけません。

「①～⑤の選択肢から正解を一つ選べ」という問題があったとします。この設問に対して、「そもそもこの問題を選択式にしたのは妥当なのか？」「この人はなぜこのテストを私たちに受けさせようとしているのか？」などと考えていたら、いつまでたっても回答できません。それは、次元／水準の違う問いかけです。学校のテストでは、あくまでも出題者の設定した枠内で「考える」ことを求められているのです。

そうやって、限られた時間のなかで、どういう枠組みのなかの答えを求められているかを察知し、いちはやく正解を導くことも、必要とされる能力のひとつです。与えられた課題を迅速に効率よくこなすには、重要でしょう。そこでは自分で問いの次元を設定し、次元を変えながら考えることは求められていません。前提となる枠組みを問わないことで、ある種の効率性が可能になるとも言えます。

ただし、学問は「そもそも」の次元から問いかけるものです。たとえば、ある歴史資料が見つかったとします。その資料を検証するとき、そこに何が書かれているかを読み解くだけでは不十分です。そもそもこの資料は誰によってどんな意図で書かれたのか、他の既存の資料と矛盾する点があるとしたら、その違いを生み出した背景に何があったのか。そうした資料の成り立ちそのものを問うことが不可欠です（歴史学では、こうした作業を「史料批判」と言います）。

暗記型のテスト勉強では、なぜそれを覚える必要があるのか、といった「そもそも」を問いかける姿勢が封じられています。そもそもなぜこんな勉強をしたり、テストを受けたりする必要があるのか。誰しもそういう疑問を感じたことはあると思いますが、それをそのままテストの答案に書く人はあまりいないですよね。自分自身のことを振り返っても、知らないうちに、「そういうことは考えないようにしよう」「考えるべきではない」と自制する癖がついてしまったように思います。

その感覚を引きずったまま大学生活をはじめて、そのまま終えてしまう学生がいるとしたら、とても不幸なことです。もちろん大学でも課題があり、テストもあります。でも、大学で求められる「考える力」は、そのテストにうまく答えられる能力そのものではないのです。

「入り口」としての大学入試と就職活動

この大学の「学び」をめぐる意識のずれは、かならずしも学生自身の問題とは言えません。社会全体として、大学の役割をどのように位置づけるのかがずれていたり、曖昧なままであったりすることが関係しています。

いまだに多くの人が「名前」で大学を選びます。有名大学に入れば、待遇のいい大企業に就職できると信じている。そういう人にとって、大学は学ぶ場ではなく、○○大学を卒業したという肩書きをえる手段でしかありません。そこで成長し、自身を変えていこうという意欲は乏しくなるのも当然です。

昨今は、大学側も、学生の就職率をあげるために躍起になっています。一年生から就活セミナーなどを開いて、就職指導に力を入れる大学も少なくありません。四年生になると、就職率を左右する内定者の数をなんとか把握しようとします。いまの大学は、こうして「就活支援業者」として社会の要請に応えようとしている部分があります。

よい企業に就職したい（させたい）という意識は、有名大学に入ればいいというマインドと連動しています。大学側も、学生が名の通った企業から内定をもらえれば、それが「成果」となり役割を終えた気分になっているのかもしれません。

社会の側も、そうした就職の「実績」のある大学を高く評価する傾向にあります。よくニュース記事などで、就職率の高い大学ランキングや、企業の社長や役員を多く出している大学のランキングなどが話題になるのは、そうした意識のあらわれです。

現実には、過去数十年にわたり、名だたる企業が倒産し、外国資本の傘下に入り、大規模リストラを行ってきました。すでに大企業神話は崩壊してひさしいはずなのに、社会の意識はあまり変わっていないように思えます。ＡＩ（人工知能）などのテクノロジーの発展で産業構造が大きく変わり、今後もかつての「優良企業」がそのままいい将来を約束されているかどうかは、誰にもわかりません。

そもそも「就職」は、ひとつの入り口にすぎません。就職が決まったあとも、人生はずっと続きます。新入社員の三割が三年以内に辞めると言われるなかで、なお就職という入り口のために、大学という入り口が選ばれている。社会全体がそれらの入り口をくぐり抜けることに向けて、子どもたちの背中を押す。「とりあえず入ってしまえばなんとかなるのよ」と。

学生の大学に対する意識は、その素直な反映にすぎないと思います。入り口を通ったあと何をするのか、何ができるのか、そこに深い思慮はありません。そうなると、そもそも大学で何を学んで、どう成長するかという意識をもちようがないのです。

高校まで身につけてきたものを捨て去って、大学であらたな学び方を習得していくことは、最初は苦痛かもしれません。どんなに教員が学生に学問的な考え方を伝えようとしても、社会全体の意識が変わらないかぎり、その意義が十分に伝わるか、難しい面がたしかにあります。大学教育の現場では、こうした困難な状況のなかで、学生たちの意識を変えるための努力が続けられているのです。

就職して社会の入り口にたつと、次は何を目指すべきか、誰も答えを用意してくれなくなります。まさに自分で課題をみつけ、答えを探し出さないといけない。それまでに磨いてきた、自分で情報を収集して自分の頭で考える力を頼りに、地図のない人生の歩みを決めていかなければなりません。大学で学問をとおして身につけるべき「考える力」には、本来、そういう重要な役割があります。

この社会のなかで自分がどのような役割を果たし、どんな社会のなかで、いかに生きていくのか。社会も企業も、そうした問題意識をもって、考えられる学生を求めていると思います。その成長の機会を与えられるのが、広い意味での「教育」です。

それでも、大学教育の「なかみ」への期待は低い。最近は、就職活動で大学の成績を提出させる企業も増えつつありますが、かつては大学で何を勉強してきたのかについて、面接などで聞かれることもなかったようです。

この「教育」の軽視が、若い人たちが本来もつ成長の可能性を閉ざしているように思います。大学での「学び」は、大学みずからが敷いている受験勉強／効率性という入り口と、社会から求められている就職支援という役割にはさまれ、やせ細っています。

こうした状況で、大学に身をおく者は何を考えているのか。どうすべきなのか。もう少し掘り下げていきましょう。

就活の風景

三年生の秋から冬にかけて、ある日突然、ゼミ生がリクルートスーツ姿になります。学内外で企業の就職説明会がはじまるころです。毎年、教室を間違えたかと思って、ぎょっとしてしまいます。東京の私立大学に勤めていたころは、とくにそうでした。

みんな髪も黒く染めて、表情までかしこまる。いつも時間を延長してやってきたゼミも、定時になるとほとんどが退席していく。こうして「就活」の時期がくると、大学はその役目を終えたかのようになります。

四年生の卒業論文に向けたゼミも、壊滅的です。企業の面接や選考試験は、もっぱら平日の授業時間帯に入ります。もとより、みんな就活のことで頭がいっぱいだし、授業どころではないという雰囲気で、授業が成り立ちません。

五月から六月にかけて、内々定をもらう学生もでてきます。学生のあいだでは、髪を茶色に染めなおしたら、内々定が出たと勘づくと言います。そして、内々定を手にした学生から、今度は「卒業旅行」に行くようになります。

「卒業旅行」といえば、卒業前の春休みに行くものだと思っていたら、最近はどうも違うようです。内々定がでたら、夏休み前からたびたび海外や国内の旅行に行く学生もいます。

就職さえ決まれば、学生にとって大学にいる意味は最後の自由時間を満喫することくらいになるのでしょうか。こうして就活が近づく三年生の秋から一年以上のあいだ、大学は教育のための時間を失っている現状があります。最近は、一、二年生でも、夏休みなどにインターンなどで忙しくしています。

ただ、じつは就活の前から、すでに大学という教育の場は「やせ細って」います。

東京の大学で教えているとき、学生が夕方のゼミにもかかわらず、教室に入ってきて「おはよう〜」と挨拶しているのが、気になっていました。バイト先などで時間帯に限らず「おはようございます」と言っている挨拶が、そのまま学生どうしの挨拶になっているのです。ゼミ発表でバイト先のことを話すのに「お客様が……」という学生もいて、驚いたこともあります。

考えすぎなのかもしれませんが、大学が社会の論理から距離をおいて物事を考える場ではなく、バイトの延長でしかないように聞こえます。

大学の「教育」には、多様な側面と厚みがあります。学生時代にバイトをすることも、留学や旅行をすることも、サークルや恋愛に熱中することも、大きな意味で大学という場の教育の一部をなしていると言えます。授業などで教員が関わる部分は、せいぜい三分の一くらいでしょう。基本的にはそういうものだと思います。

スケジュールどおりに与えられた課題をこなすだけではなく、自分で自由な時間を何に使うかを考えること。そこで未知の他者や自分自身のあらたな可能性に出会うこと。それらは、いずれも大切なことです。では、何が問題なのでしょうか？

迷いや葛藤のなかで成長する

ときどき学生たちが、バイトや就活という社会の枠組みにあまりにうまく適応して、違和感なく自分のおかれた状況を「やり過ごしている」ようにみえることがあります。いろんな学生がいるので、一概には言えませんが、少なくとも「群れ」としての学生の姿が、そうみえるときがあります。これも彼らだけに責任があるとは言えません。「大学」がそうやってやり過ごされる場になっていることのほうが問題なのでしょう。大学ってこんな感じでやれば卒業できるし、こうやって就活していると就職できるし、社会人の常識はこうなんだよね、と学生たちはすばやく察知して、そこにみずからを順応させていっているにすぎません。

そういう人にとって、自分がなぜそういうモードを採用しているのか、モードそのものの意味や是非を問うたり、他にどんな可能性があるのかを探ったりすることは、所詮、無駄なことでしかありません。

現実には、彼らの足元には複雑で深刻な問題がたくさん絡まっています。それでも、うまく社会に適応することだけに熱心な学生は、迷いや葛藤に足をとられることを巧みに避けているようにみえます。それは受験勉強の意味を問い、疑問を感じることがよい点数をとるためには時間の無駄であったのと同じなのです。

もしそうであれば、そこに成長の契機はありません。迷いや葛藤のなかで、人は自分があたりまえだと思ってきた「前提」を問われ、考えはじめる。そうして「前提」や「常識」を壊すことで、別の可能性に目覚めることができる。「成長」とは、そういうプロセスのはずです。

前に書いた「立体的な思考」の重要さも、そこにあります。物事を立体的にとらえるためには、まず自分の知っている「常識」が多くの可能性のうちのひとつに過ぎないことを意識する必要があります。

自分や周囲の状況を俯瞰してとらえたり、そこから自分が立っている足場そのものの意味を問うたり、別の角度から光をあてることが、創造的な仕事をするための「考える力」につながります。

大学という場に高校までとは異なる教育の意義があるとしたら、学生ひとりひとりに自分自身や社会のあり方を根底から問うための時間ときっかけを与えられることだと思います。

授業に限らず、さまざまな場でそれまでの信念や常識が覆されたり、自身や社会への疑問や葛藤を感じたりするためには、ある程度の自由な時間と、多様で複雑な他者との出会いが欠かせません。容易ならざる他者は、自分が何者なのかを問いかけてくる存在だからです。この「他者との出会い」には、人だけでなく、さまざまな本や映画などとの出会いも含まれています。

しばしば大学は、浮き世離れしているとか、世間の実情からかけ離れていると批判されてきました。しかし、じつはその距離こそが大切なのです。一般社会と同じ論理でそのまま違和感もなく過ごしてしまえるような場に、成長の契機はありません。

大学は、社会のなかで「異の空間」でありつづける必要があります。何かがよくわかるような場ではなく、いったんよくわからなくなったり、疑問が芽生えたり、自分自身を問われる場に身をおいたほうが、人は成長できます。

毎年三月、就活を乗り越え、単位をそろえて、晴れやかな顔で卒業していく学生たちの姿は、とても微笑ましいものです。教員としてできることはやったのだから、これでいいのかもしれないと思う一方で、いつも不安を感じてしまいます。

自分は学生たちの何かをちゃんと壊せただろうか、あらたな自己や世界のあり方に触れさせることができたのだろうか、と自問してしまいます。

大学がその役割を果たすには、大学が高校までの教育と社会人としての生活のあいだのひとつの断絶として、根本的な問いを喚起する深い沼になっている必要があります。

学生たちがそこで足をとられ、立ち止まる時間と場所があれば、それだけでもいいのかもしれません。いまの大学は、表面的にはそれと真逆の方向にみずからを変えつつあるように見えます。

大学や学部ごとに明確な教育目標を掲げ、その目標達成に向けて整合性のあるカリキュラムや教育体制をつくり、前もってシラバスで明示された内容どおりの授業を展開する。ずっとそうした「改革」が求められています。

誰がみても明瞭でわかりやすく、情報公開が進んでいて、一貫性や透明性のある大学像。現在、全国の大学が外部評価制度をとおして、そんな一元化された予定調和的な大学へと「改革」されています。

学生は、事前に自分が何を学びたいか、学習計画を立て、その計画や目標を達成できたか、振り返りを求められます。でも、「成長」とは、学びを通して予想もしていなかった自分になっていることです。学ぶ前から容易に想像できるような目標を計画通り達成できたとしても、それは真の意味で「成長した」とは言えないでしょう。ほんとうに「学んだ」といえるのなら目標自体が変わっていて当然なのです。

あたかも、どの店に入っても予想通りの料理が食べられ、不快さも、違和感もおぼえることなく、「大学教育」というメニューを消費して店をあとにすることがゴールとされているかのようにも思えます。しかし本来、大学では、学問をとおして、事前にはまったく考えもしなかったあらたな地平に立つことが目指されています。それこそが、大学の学びです。

もちろん、大学という場のある種の「深み」は、そう簡単には消えないと思います。それが消えたら、「教育」そのものが消えるのですから。

「教育」って、たぶん何かが教えられていること、そのものではありません。それをわからない人たちが、大学の未来を左右するような「改革」をしていることに不安を覚えます。

次章で、もう少し考えていきましょう。

第2章

学問のすすめ

知識と知恵

小学校で六年、中学で三年、高校で三年。一二年も学校という場で学んできて、さらにまた四年もかけて大学で学ぶ必要があるのでしょうか？

大学の「先生」には、教員免許のような国家資格はありません。多くは大学で教職課程を履修したわけでも、教育実習をした経験もないのです。私自身、冒頭に書いたように、はじめて教壇に立ったとき、多くの学生を目の前にして頭が真っ白になりました。研究はしてきたけども、教えることについては誰からも教わったことがなかったのです。そんな人間から、学生は何を学ぶのでしょうか。

大学に入るために、教科書や参考書の内容を覚えたり、問題を解いたりして、受験勉強をすることが求められます。なんでこんなことをやっているのか、と疑問に思った人も多いでしょう。疑問に思ったところで仕方がないので、ひとまずそれはわきにおいて、きっと何かに役に立つはずだ、と自分に言い聞かせて勉強してきたかもしれません。自分もそうでした。

でも、その教科書に書かれてある「知識」は、最初から「そういうもの」として決まっていたわけではありません。多くの人が、いろんな「情報」をもとに、ひとつの「知識」として創り出してきたものです。第1章でも少しふれましたが、その知識は、つねにまた他の誰かによって否定され、別の新たな知識と置き換えられる可能性のある一時的なものなのです。

固定したようにみえる知識も、じつはいろんな議論や論争のなかでつねに揺れ動いています。大学の教壇に立つ人間は、その知識を創り出す現場にいる人間です。大学教員の多くが、教育の専門家でも、実務家でもなく、研究者である理由もそこにあります。大学に入ると、よく「あたりまえを疑え」と言われると思います。知識の創出に関わっている者は、その知識がつねに一時的で不完全なものであることを身にしみてわかっているからです。

大学に「教科書」はありません。唯一の正しい答えが書かれてあるという意味での「教科書」はありません。授業で用いる本は、あくまでひとつの参照すべき「テキスト」に過ぎないのです。この違いはとても大きい。

「テキスト」に書かれてあることを、かならずしも、そのまま覚える必要はありません。

書かれていることに対して、自分はどういう意見をもつのか、他の本や資料から別のことが言えるのではないかと、つねに批判的に検討するための材料なのですから。

大学教員が話すことも、そうです。もしその話に違和感を覚えるなら、違う意見を表明してもいい。でも、その主張の根拠を説得的に示さないといけない。自分なりに情報を集め、それをもとに自分の意見の正当性を論理的な言葉にする必要があります。この「対話」は知識の創出に欠かせないプロセスです。

そこで必要となる能力を「知恵」と呼んでおきましょう。

「知恵」は、「知識」のようにある定まった情報を「知っていること」ではありません。いくつかの情報から自分なりの「知識」や「考え」を導くことのできる力です。その力があれば、また別のあらたな情報に出会ったとき、自分で「知識」を改変していくことができます。自分の力で人生を切り拓くことができる、と言えるかもしれません。

固定した「知識」をいくら知っていても、つねに新しい情報に遭遇する世の中を生き抜くことはできません。一歩、先に進めば、またそこにあらたな地平があらわれてくる。そんな変化の激しい時代を私たちは生きています。

いま使える知識は数年後には使えなくなっているでしょうし、もっと古い知識のなかに状況を打開する鍵があるかもしれません。いずれにしても、どの知識を使うべきなのか、それを選び、判断するための「知恵」が不可欠です。それは第1章で述べてきた「考える力」ともつながっています。「生きる力」と言い換えることもできるものです。

大学の学びは、この「生きる力」をつけるためにあります。社会に出れば、それまで覚えてきた「知識」は役に立たないかもしれません。でも、自分で知識を創り出す「知恵」さえあれば、怖いことはありません。

私たちはみなまったく違う人生を歩みます。人生の歩みが異なるのですから、すべての人がいかなる場面でも利用できるような「知識」などないのです。それぞれが自分の力で情報を収集し、判断していく「知恵」が必要になります。大学での学びは、その大切な予行練習だと思います。

「わかる」とは「わからない」こと

何かの意味がわかる、理解する、とはどういうことなのでしょうか？　結論から先に言えば、それはひとつのモノや現象の「位置づけ」を見定めることです。

あるモノや現象に最初から固有の意味や役割が決まっているわけではありません。同じモノでも、時と場合によって、おかれた状況によって異なる意味をもつようになります。それは、他のモノとの関係によって決まるのです。だからこそ、何かを「わかる」には、どこまでいってもつねに「わからなさ」がつきまといます。

たとえば、よく使われる例ですが、「唾液」は、それを口から吐きだせば「汚いもの」とされます。いったん吐きだしたつばをもう一度呑み込むことには大きな抵抗を感じるでしょう。でも、それが口のなかにあるとき、「汚い」とは誰も思っていないはずです。むしろ、唾液には雑菌の繁殖を抑え、虫歯を防ぐ効果があるとさえ言われます。「唾液」の意味は、それがどこにおかれているのか、身体との位置関係によって決まります。

言葉の「意味」の場合も同じです。たとえ同じフレーズでも、文脈によって、状況によって、言葉の「意味」は変化します。

「とても優秀な学生さんたちですね……」

他の先生から学生の印象を聞かれてこう答えた場合、この言葉は、文字どおりの意味になるかもしれません（少しのお世辞も）。でも、この同じ言葉を、授業中に騒がしいときに教員が学生に向かって発したとしたら、それは「皮肉」として、まるで逆の意味になります（「世間では『優秀だ』と言われているのにね……」）。

このとき、意味を理解するとは、言葉とその言葉が発せられた状況とを関係づけることになります。この関係を抜きに、それとは切り離されて意味が固定しているわけではありません。

ある物事と別の物事との位置づけや関係を明確にすること。その関係づけ方には、ほとんど無数といってもよい選択肢があります。だから、「どこまでいってもわからなさがつきまとう」のです。

唾液と身体という要素だけに注目すれば、唾液が口のなかにあるか、外にあるか、という点が重要になるかもしれません。しかし、おいしそうな料理をまえに唾液がでると、そこでの意味は、身体・唾液・料理との関係に拡大します。

あるいは、以前その料理がとてもおいしかったという記憶が関係しているのなら、身体・唾液・料理・記憶……となるでしょう。状況や文脈に応じて、考慮すべき要素はいくらでも増えていきます。

いま、ここで起きている出来事は、直接その場で関わっている当事者や物事だけの問題なのか。はたまた、その社会の構造に起因するのか。グローバル化といった世界規模の動きのあらわれなのか。ここでいう「文脈」はいくらでも広がりうるものです。

このどこまでも拡張しうる要素のなかで、私たちは「理解」に必要な要素の範囲を限定することで、ある「理解」を可能にしています。もっといえば、要素を限定することで、とりあえず「理解したことに」している。そういえるかもしれません。

「理解する」には、つねに別の「理解」の可能性がつきまとう。「理解した」と思って考えるのをやめてしまうと、その別の可能性に目をつぶることになる。

ややこしいいい方になりますが、「理解する」とは、「まだ理解しつくしていないこと」を知るということです。だから、「わかる」とは、簡単には「わからないこと」なのです。

ゼミという場

大学に特徴的な教育カリキュラムに、ゼミナールや演習があります。この「ゼミ」は少人数で開かれ、教員が一方的に話し続けることの多い講義とは違って、学生自身が発表したり、議論で自分の意見を述べたりすることが求められます。

ゼミをはじめるとき、きまって次のような話をします。

「みなさんがこれから社会で生きていくなかで必要なことの多くは、このゼミの場で学ぶことができます」

仕事をする、ということの基本は、複数の人との言葉／アイディアのやりとりにあります。社会に出れば、職場の上司や同僚だけでなく、取引先の企業や営業先の顧客など、いろんな相手との「会議」や「打ち合わせ」が待ち受けています。

そこでは、ゼミくらいの少人数のなかで、情報をやりとりし、ひとつのテーマについて議論したり、自分の意見を表明したり、他の人の発言に質問やコメントをすることが求められます。会社や組織のなかで働くときには、何度となく、いろんな場面で、それをくり返していくことになるのです。

そのとき、情報を誤解のないように相手に正確に伝えなければいけません。そのためには的確な資料を作成しないといけないですし、自分の考えを相手にわかってもらえるようにうまく言葉で説明できなければいけません。逆に、他の人の説明や資料でわからない点があれば、きちんと問いただして理解する必要もあります。

相手の考えに弱い部分や足りない部分があれば、わかりやすくその問題点を指摘して、いい方向に考えをまとめていく手助けをすることも大切になります。こうした「対話」をとおして、よりよいアイディアをみんなで協力してつくり出すことが求められます。
そのすべてが、「ゼミ」のなかで行われます。

「問題」とか「よりよいアイディア」に、最初から決まった答えはありません。アイディアを出す決定的なスキルとか、これさえ覚えればすべてが問題解決できる方法なんてないのです。まさにケースバイケースなのですから。

前節で書いたように、物事の結びつけ方としての「理解」にはさまざまな可能性があります。自分が正しいと信じた理解が、ほんとうによりよい理解なのか、それは別の意見との照らし合わせのなかで、はじめてみえてくるものです。ちゃんとわかっているつもりで資料をつくり、ゼミで発表しても、人から質問されてはじめて、わかっていなかったことに気づかされることがよくあります。

それぞれの見解を示しあうなかで、相互の位置関係がみえて、ようやく自分が「まだ理解していなかったこと」を知ることができます。ゼミは、こうしたいろんな理解の可能性を示しあう場でもあるのです。

みんなが同じ意見しかもたず、「答え」に至る道筋がひとつしかないのであれば、ゼミという場に意味はありません。考え方や価値観の異なる人間が複数いるからこそ、ゼミでの「対話」に創造性が生まれるのです。

「ゼミ」の場に「ただ座っていること」に、意味はありません。「わたしも同じ意見です」も、いりません。

できるだけ（無理やりにでも）、違った視点から、違った意見をひねり出してみる。そうやって参加者みんなが多様な立場から発言することが欠かせません。

ひとつの意見を、まったく異なる角度から考えてみる。すると、まともだと思っていた見解にも、違う理解の可能性が出てきます。「わかった」と思っていたことが、じつはあまりわかっていなかったことも、この「対話」のなかでみえてくるのです。

あたらしいアイディアを無からひねり出すことは至難の業だと思います。せいぜい私たちにできるのは、異なる要素の間にあらたな「つなげ方」をみつけることくらいでしょう。

その創造性の源泉は、わたしとあなたの「差異」にあります。

それぞれが違う人生を歩み、異なる考えや価値観をもっている。その「違い」を架橋する対話が、創造性をうみだすのです。

「違い」を活かし、「違い」を照らし合わせながら、あらたな可能性の扉を開く。「ゼミ」とは、こうした創造のプロセスを実践する場です。大学で学ぶべき「知恵」を体得する、もっとも重要な現場でもあります。

プラス思考とマイナス思考

プラス思考とマイナス思考といえば、楽観的で前向きな考え方と、悲観的で後ろ向きな考え方という意味があります。ここでは別の意味でその言葉を使ってみようと思います。要素を足して考えるのか、引いて考えるのか。この点は、大学での学びや「知恵」に大きく関わってきます。

前にも書いたように、物事の理解には何通りもの可能性があります。「理解する」には、まず物事を位置づけるための要素を特定しなければなりません。

今日は、とても暑かった。この「暑さ」の原因について、ニュースでは、全国的に太平洋高気圧に広く覆われたから、と説明していました。その説明は、おそらく「正しい」。でも、この「暑さ」について、地球温暖化が関わっていると説明する人がいるかもしれません。また別の人は、太陽活動の活発化が関わっているというかもしれません。そのいずれが「正しい」のか、現時点ではわかりません。

重要なのは、この「科学的」な説明が、ひとつの説明の仕方に過ぎない、ということです。それらは、なにより「わたしが暑かった」ことの説明になっていません。

今日、わたしは、あるお店を探して炎天下を歩き回っていました。時間がなくて、ちゃんと地図で場所を確認してきませんでした。店に入っても額から汗がふきだしつづけて、こんな日に外出したことを悔やみました。ずっとクーラーのきいた家にいれば、「暑くなかった」のに、と。

このとき「暑かった」ことの説明は、「わたし」の行動や判断（地図で場所を確認しなかった）との関係で理解／説明されることになります。あるいは、節電している人が「暑かった」のは、クーラーを我慢していたから、となるかもしれません。

このときの「理解」には、太平洋高気圧も地球温暖化も関連する要素から除外されています。むしろ、電気料金の問題やライフスタイルについての考え方などが要素として関わってくるかもしれません。

ふつう自然科学的な思考では、要素を限定してマイナス思考で物事を説明します。まず、その「暑さ」は、地球規模のスケールではなく、日本列島というスケールに限定して考えるかもしれません。そして、人が感じる「暑さ」は「気温」というかたちで一般化して表現され、個々人の感じ方や行動の違いは除外されます。

一日中、クーラーのきいたオフィスにいた気象予報士も、「今日は暑かったですね……」などと言います。そのニュースをクーラーのきいた部屋で観ている人も、「暑かった」ことを「事実」として受け止めます。しかし、「事実」は、関係する要素を増やして、プラス思考でとらえると、かならずしも「事実」ではなくなるのです。特定の「はかり方」にもとづいた「気温」は、無数にありうる理解可能性のなかのひとつの指標でしかありません。

大学での学びには、少なからずこのプラス思考が求められます。一般的な「理解」とされている要素に別の要素を追加して考えてみる。限定されていた範囲を広げて、物事をとらえなおしてみる。すると、それまでとは違った「理解」が可能になります。

「学者」の言うことが人によって違う理由のひとつも、ここにあります。ある人は考慮する要素を限定し、また別の人は違うスケール、違う範囲の要素を加えて考えています。

原発事故のあと、原子力発電をめぐって「リスク」や「コスト」の話が出されました。そこで出される数値や判断に大きな違いがあるのは、どの時間軸で、どの範囲の要素を考慮に入れるかが違うからです。

「専門家のくせにきちんと答えが出せなくてどうする」とお叱りを受けるかもしれません。しかし、世のなかの多くのことには、模範解答のような、きれいな単一の「理解」や「答え」が存在しません。

「答え」のようにみえるのは、あくまでも前提とされる要素の範囲内での暫定的なものにすぎません。誰もが、人生において意思決定を下すときには、つねにこうした限界のなかで判断を迫られるのです。それは科学者も、政治家も、ふつうの人も、同じです。

まだわかっていないことを知るために

どんな場所であれ、私たちは、すべての要素を知りえないなかで物事を判断し、行動していくしかありません。そのことを、まずふまえる必要があります。でも、だからこそ違う理解、異なる意見がつねに大切になってきます。

判断が間違っていたとき、これまで考慮してこなかった要素はなんなのか、どんなことを次の判断ために加えて考えるべきか、いつも問える状態にしていることが必要です。自分はわかっている、正しい判断をしている、これが唯一の答えだ、と居直るような態度が、学問的な態度からはもっとも遠いですし、「正しい判断」からも遠いのです。

いま大学には、世間知らずの研究者ではなく、社会のことをよく知る実務家教員がもっと必要だと言われています。じっさいに一定の実務家教員がいなければ、大学無償化の対象からはずす、という方針さえ唱えられています。

「実務」が何を意味するか、定義は不明瞭なままですが、たんに会社で働いた経験があるとか、学問とは違う場での知識があることを意味しているとしたら、それにたいした価値があるとは思えません。

前にも述べたように、何かを「知っていること」は、それほど重要ではないのです。どうしたら何かを知ることになるのか、何がわかっていないのか、そのことに敏感であることが大学教育にとって何よりも大切です。

大学は、なんらかの知識や経験をもつ人がその知識や経験を知らない学生に披露するための場所ではありません。大学の教員が経験してきた時代と、これから学生が世の中に出て働いていく時代はつねに違いますし、歩んでいく人生そのものが大きく異なります。教壇に立つ人間の経験や知識がそのまま活かせるわけではないのです。

そもそも、学生たちは、まだ何者になるのか、定まっていない人がほとんどです。だから、特定の場所で役に立つ（役に立った）知識を覚えることよりも、どんな場で働くことになっても役に立つ考え方、物事を見極め考える方法を身につける必要があります。ある企業ですばらしい功績を挙げた人が学生に向かって、自分の過去の話をしても、それ自体がすぐに社会に出て役に立つわけではないのです。

学生が世の中に出て、どんな現場に立っても必要となるのは、自分で情報を集め、それらを検証しながら、あらたに知識をつくりだせる力でしょう。その学問にとっての基本的な方法論こそが重要なのです。

第1章の最後に、「大学は、何かが教えられている場ではない」と書きました。それは役に立ちそうな「知識」や「経験」を知ることよりも、そこにたどりつくための「方法」を学ぶことが大切だからです。

そして、研究者である大学の教員は、その方法を熟知している人というよりも、その方法をみずからもつねに学びながら、自分たちで洗練させ、試行錯誤している者たちなのです。その姿勢をもっているかどうかは「実務」に従事した経験とは無関係です。そうした態度をもたない人は、経歴や業績にかかわらず、大学教員としてふさわしくないと言えます。このあたりはまた第4章でも検討します。

大学は、何かを知っている人がそれをたんに教える場ではありません。教員も、学生も、まだわかっていない何かをわかりたいと思っている人たちが集まり、みんなでその問いについて考え、追究していく場なのです。

だから大学教員は現在進行形で学問に取り組みつづけている「研究者」が担ってきました。でも、大学の「先生」と言われる人たちがいったいどんな人たちなのか、世の中ではあまり理解されていないかもしれません。次の章で、もう少し具体的に説明していきましょう。

第3章

「先生」が考えていること

学者や専門家って何者なの？

大学などにいる「学者」や「専門家」といわれる人たちは、いったい何をしているのでしょうか。この社会のなかで、どんな役割を担い、何をなしうる人たちなのでしょうか。いま、その根本的な部分が問われています。

私が学問的な「論文」に最初にふれたのは、高校生のころでした。祖父の書棚にあった大学が発行した論文集を手にとったときのことです（あとで「紀要」というものだと知りました）。

それまで読んできた本とはまるで違う文章に、とても驚きました。まず、やたらと注が多い。他の論文や文献などが、たくさん引用してある。そもそも、いったい何が言いたいのか、よく理解できない。「なんか変だな」という印象をもったことをよく覚えています。

それから年月がたち、自分も「論文」を書くようになりました。学問の世界で常識とされる形式にそって、注をたくさんつけ、いろいろと引用をしながら、「論文らしい文章」を書く術を身につけてきました。

いまは、それが大切な手続きであることも理解しています。学問は、多くの先人が積み上げた試行錯誤のうえに成り立っているからです。ひとつひとつのブロックを正確に積み上げるためにも、自分が誰のどういった考えのうえに、どんなブロックを重ねようとしているのか、確認する作業が欠かせません。おのずと、注で説明を加えたり、先行研究の引用をしたりしながら、文章を書いていくことになります。

この本のように、一般の読者を想定した文章では、事細かい文献の引用を省くことがあります。でも、もちろん引用がないからといって、すべて自分で考えたというわけではありません。ここに書かれていることも含め、考え方としては、誰かがどこかに書いているようなことばかりだと思います。

人間が考えうることには限度があります。自分が独自に考えたと思っていても、とっくの昔に同じような議論が延々とされていたと知ることもよくあります。独創的だと思えても、過去に同じようなアイディアがあったことを知らないだけかもしれません。

「自分の頭で考えなさい」。学生によくそう言ってしまうのですが、研究者は、自分の頭だけで考えてなんていないことにも自覚的です。それでも、私自身、借り物の言葉や考え方をそのまま披露するのではなく、できるだけ自分の経験にねざした実感のこもった言葉で表現しなおそうと心がけてきました。そう、私たちにできるのは、先人たちに学び、その考えを表現しなおす、言い換える、ことくらいです。

表現行為には「人に伝えること」と「自分を高めること」の両面があります。たとえそれが他人の考えの「語りなおし」に過ぎないとしても、みずからの身体から「ことば」をつむぎだして、人に伝えたいという欲求が、そこにはあります。そうして「ことば」と向き合うことでしか、自分の考えを深めることはできません。

学問の世界で育まれてきたアイディアを、どう伝わる「ことば」にするのか。その「ことば」の模索をとおして、いかに学問のアイディア自体を洗練させ、あたらしい社会／世界を構築する足場にしていくのか。それは、私自身が一貫して考えてきた課題でもあります。

ただ、「ことば」を操ることにも、ときに躊躇を覚えます。

新聞やテレビ、ネットや書籍など、いまさまざまな場で膨大な「ことば」が語られています。経済、生き方、健康、教育、安全保障、政治……。相反する意見がそれを解きほぐす手がかりもないまま、世のなかに放り出されている。そんな感覚すらあります。

こうやって「ことば」を書きつづることも、むやみに「ノイズ」を増やすだけかもしれない。そのことを意識しつつ書いているというのが、正直なところです。

東日本大震災のあと、誰もがなんの疑いもなく過ごしてきた日常を、そのまま続けてもよいのか、ためらいを覚えたと思います。私自身も、それまでと同じ一歩をまた同じように踏み出してよいのか、迷いました。一連の出来事は、何よりもまず私たちの「あたりまえ」の根拠を大きく揺さぶったのです。

あのとき、大学の授業の開始が一ヵ月遅れました。大学で研究や教育にたずさわる者として、震災後に再開された授業のなかで、論文や本などにつづる文章のなかで、何をどう語り、書くべきか、自問をくり返しました。

文化人類学を学び、実践してきたことの理由を、あらためて考える必要に迫られたとも言えます。いま学問をする人間がこうやって「ことば」をつむぐ意味は何なのか。それは誰に向けて、何をどう実現しようとするものなのか。その問いに答えをみいだすにも、「ことば」と向き合うことからはじめるしかありません。

まずは自分自身のことを振りかえりながら、考えを進めていきましょう。

私が大学生だったころ

不思議なもので、いつのまにか「教員」として学生を他者化して語っていることに、自分でも書きながら戸惑います。

少し前まで大学院生の延長のような気分でいましたし、むしろ学生に近い人間だと思っていました。「いまどきの学生は～」なんて言いはじめたら終わりだよな、と思っていたはずなのに。なんだか、それと同じようなことを書いている気もします。

大学教員になりたてのころ、教壇から対峙する学生たちの「群れ」は、自分にとってまさに「容易ならざる他者」でした。学生たちに「おまえは何が語れるのか?」、「何を与えてくれるんだ?」と問われつづけながら、ずっと教員としての自己のあり方を模索してきた気がします。

「教育」とは、「教え育てる」のではなく、「教える者が育つ」ことです。そんな話を学生の前でしたことがあります。まさに学生たちに大学教員とは何をすべき存在なのか、問われつづけ、教えられてきました。

学生にすれば遠くで小難しい話をするだけの「先生」も、かつては大学生という群れのなかのひとりでした。そこから教壇にあがり、学生に語りかける立場に身をおくと、見える景色ががらりと変わります。自分が大学生のころ教室の隅で、どんな思いで遠くにいる「先生」の姿を眺めていたのか、すでに忘れかけていることに愕然とします。

では、私自身は大学生として何を学んだのか。どんな教育を受けたのか。思い返せば、自分もけっしてまじめな学生ではありませんでした。

大講義室で、くたびれたスーツ姿のおじさんが小さな声でごにょごにょと話しているのをみて、すぐに教室から出たこともありました（その著名な先生は「同僚」になると、とてもきさくで、すてきな方でした）。「楽勝」で知られた授業にまったく出席せず、レポート課題の文献を大学生協の本屋で立ち読みしてレポートを書いたこともありました（みごとに「不可」でしたが、いまでは不可にしてくれてよかったと思っています）。何度となく寝坊しては、朝の授業をさぼっていました（睡眠と授業に出ることを布団のなかで天秤にかけて、いつも睡魔に敗れていました……）。

大学で受けた授業で印象に残っているものは、数えるほどしかありません。学んだ内容をはっきり覚えている授業にいたっては、ほとんどありません。それでも、大学で教育を受けたと思うし、人間として育ててもらった気はします。何がそう思わせるのでしょうか。バイトやサークル、友人関係のなかで、いろんなことを経験し、考え、語り合い、自分がどういう人間であるかをかたちづくることができたのは、とても大きかったと思います。ひとまず、その授業以外の部分は、おいておきましょう。

まず、なぜ学んだことを忘れるのか、というところから。それはたんに記憶が薄れていくからだけではないと思います。「忘れる」のには、理由がある。

たぶん大学の授業で何も聞いていなかったわけでも、何も感じなかったわけでもないはずです。むしろ「忘れる」のは、そのときはじめて知った考え方やそこで感じたことが、あとで自身が経験したり、考えたりしたことと混じりあって、いつのまにか「自分のもの」として定着してしまったからではないでしょうか。

学んだことの多くが「知らなかったこと」から「知っていること」へと変わる。すると、そのアイディアの起源がどこだったのか、それをどこで学んだのか、「忘れて」しまう。子どもが親から聞いた話をそのまま受け売りで友だちに語っているうちに、最初から自分で考えたことのような気になるのと似ています。

「自分で考えた」と思っていることの多くは、こうして他者からの「学び」に由来しています。

逆に、大学の授業で覚えていることは何でしょうか。思い出そうとすると、同じようなことばかりが頭に浮かびます。

ゼミで自分の考えをきちんと説明できなかったこと。クラスメイトとの議論で反論できず悔しかったこと。いろんな本を読んできたつもりなのに、何度読んでもまったく理解できない難解な本に出会ったこと。文章を書くことには自信があったのに、報告書の文章を指導教員から真っ赤に修正されてしまったこと。あげだしたらきりがありません。

思い出されるのは、ほとんど自分ができなかったり、できないことに気づいたりしたことばかりです。

こんなこともありました。「調査実習」という授業で、島根県の漁村で初めて文化人類学的なフィールドワークを体験したときのことです。かつて父親とよく海釣りに行っていたので、その漁村の景色も、最初は見慣れた漁港となんら変わらないと感じていました。それが、いろんな人の話を聞いていくうちに、まったく想像もしなかった集落の歴史や人びとの暮らしがあることがみえてきました。

いかに自分が何もみていなかったか、人間の営みをわかっていないか、思い知らされました。日本の地理や歴史について勉強してきたはずなのに、じっさいに人びとがどんな思いで、どんなふうに生きてきたのか、自分はまったく知らなかったのです。

その後、文化人類学の調査を行なうようになったエチオピアでもそうです。文字の読み書きもできるかあやしい老人が枯れ枝ひとつ見ただけで、その樹木の種類がわかって、どんな性質で何に使えるか、すらすらと答える。二年生で小学校に行かなくなった男の子が、自分の体の何倍も大きな家畜の牛を鞭ひとつで放牧地まで連れていって水を飲ませる。牛のことなら何を聞いても知っている。学校で習う勉強とは違う、その生活に根ざした「生きるための知識」には、いつも驚かされます。

それなりにいろいろと勉強してきたと思っていた自分が、いかに無知で無力か、何度も思い知らされました。

こうした経験が、いまの自分の根底をかたちづくっていることは間違いありません。知らないからこそ、知りたくなるわけですし、できないからこそ、できるための方法を知りたいという思いが湧いてくるのです。「学び」はこうして自分のなかの欠落に気づき、それを埋めようとするところからはじまります。

それは、いかに学習目標を達成できたかとか、試験でいい点数をとったか、とは逆向きの経験かもしれません。社会的には、いかに学生が「達成したか」を示すべきだと言われる時代です。でもむしろ、いかに学生が「できないか」を自覚させられるかが大学の学びの出発点だと思います。

学問の根底には、まだ問うべきこと、考えるべきことが、自分の前に無限に広がっているんだ、という意識があります。大学教育とは何かを考えるとき、この「自分ができないことを知る」、「自分の無知を知る」ことが重要だと思う理由はそこにあります。よく言われることだし、みんなそのことを知っているはずなのに、いま日本の大学はそれと逆の方向に進んでいるようにみえます。

大学で教員が学生に何を与えられるのか、という問いの立て方は、「教育」がある種のサービスとして、かたちのあるモノを一方から他方に譲り渡すことを前提にしています。全体として大学が目指したり、社会が求めたりしていることも、学生が授業で何かを手に入れて、いかに満足をえられるか、何を達成できたかが指針になっています。

でも本来、学生には、いかに自分が何も知らないか、これまでの学びでは不十分なのかを実感してもらうことが大切なのだと思います。だからこそ、大学の学びは、それまでの「勉強」とある程度、断絶している必要があるのです。

教育というプロセス

大学教育の質の低下が指摘されることがあります。少子化にもかかわらず増えすぎた大学では、高等教育にふさわしい水準が保たれていないという意見です。

だから、大学の四年間でどんな「人材」を育てられるのか、教育の「質の保証」をせよ、と求められています。

「人間を育てること」が、それほど容易でないのは、誰もが認めることでしょう。こういう教育をしたら、確実にこんな人が育てられる、なんて方法があれば、みんなとっくに実践しています。

すくなくとも、大学が「こんな人材を育てます」と宣言して、多少カリキュラムをいじったところで、そういう人を育てることがすぐに実現できるわけではありません（それでも多くの大学は、目下、その「宣言」づくりに追われています）。

自分のことを振り返っても、成長のきっかけとなったと感じるのは、偶然の出来事のほうが多いように思います。体系だったプログラムをきちんと終えたから、何かを習得できたとは思えないのです。

なぜそう思うのでしょうか？

ひとつには、「教育」が特定の場だけに限定されていないからです。教育問題といえば、ふつうは「学校」の問題だとされて、小学校から中学、高校、大学までの一連の教育機関で行われるべきことだと考えられています。

でも、人間としての成長が学校という場だけに限られていないことは、大人なら誰もが身をもって知っているはずです。小学校のとき親に怒られて初めて家出をしたこと、高校受験の重圧から逃れるように小説をむさぼり読んだこと、大学のサークルの友人と明け方まで語りあったこと……。

私自身、いずれも学校の外での出来事が、人生にとって重要な意味をもってきたように思えます。子どもにとって、学校の内と外の経験は連続しています。そのさまざまな経験が結びついて、人間を成長へと導いていくはずです。

こうしてそれぞれの子どもの経験の場が学校の外に無限に広がっているからこそ、学校での教育の意味は多様な幅をもったものになります。学校の外での経験は、誰ひとりとして同じではありません。生まれ育った地域の環境も、親の考え方も、みんな違います。

その違いがあるために、学校で用意されているプログラムの「効き方」も当然、変わってきます。だから「学校」だけをどんなに変えても、教育問題は解決されないのです。家庭や地域だけでなく、会社に勤めている人や、店で商品を売っている人、ネットの世界まで、子どもの経験を構成するあらゆる人びとが教育問題の当事者だといえます。

学校関係者が教育に多くの責任を負っているのは当然です。ただ、もし社会全体が「教育のことは学校でなんとかしろ」と考えはじめたら、学校自体の教育の機能は失われてしまうでしょう。

「教育」というプロセスには、社会のさまざまな磁場が作用しています。大学の学生のなかには、企業がどのような人材を採用するかを強く意識しながら、授業にのぞむ者もいます。逆にいまの社会に欠けているものを敏感に感じとりながら、自己のあり方を模索する者もいます。いずれにしても、学生たちは、すでに社会のさまざまな風にもまれながら、大学という場に身を置いているのです。

大学の授業は、その社会への感受性の違いを受け止める作業でもあります。

大学には、「授業評価アンケート」といって、講義科目の受講者に授業についての感想をきく制度があります。その結果を見るたびに当惑してしまいます。コメントのなかに正反対の意見が混在しているからです。

「いろんなことを考えさせられた」という意見もあれば、「難しくて理解できなかった」というものもあります。「とても満足した」という回答がそれなりにあったとしても、「満足できなかった」という回答がゼロになることはありません。

たとえ同じ場で同じ話をしていても、けっして同じようには伝わらない。この「当惑」から、教育とはなにかを考えさせられてきたように思います。

教育は、単純にモノを右から左に移しかえるようにはいかない。その理由のひとつは、受け手そのものが多様だからです。そして、受け手がどう受け取るか、与え手側が自由にコントロールできないからでもあります。

では、教壇に立つ人間は、なにをどう伝えたらいいのでしょうか？　教育における「伝える」という行為を、どのように理解すべきなのでしょうか？

「先生」になにができる？

教育は、単純にモノを右から左へと移しかえるようにはいきません。それは、教育が商品を交換するような行為とは対極にあるからでもあります。

大学に授業料を納めれば、授業を受けることはできます。でも、講義室に座っていれば、自動的に学べるわけではありません。

「学び」は、なにかの対価として誰かからもらうものではないからです。

市場でのやりとりでは、お金を払いさえすれば、商品やサービスを受け取れる。そのポイントは、モノやサービスを交換することにあります。しかし「学び」は、そのやりとりとは別のところで生じているのです。

では、単純に与えることができないとしたら、「教える」とはどんな行為なのでしょうか。それは「贈り物」に似ています。ただ、ちょっと特殊な贈与です。

贈り物を渡すとき、その贈られたモノ自体が重要ではありません。「贈る」という行為によって生じる「関係」や「感情」が焦点となります（このあたりの話は『うしろめたさの人類学』に詳しく書きました）。

誰かへの贈り物を選ぶとき、それをほんとうに相手がほしいと思ってくれるかどうかは、はっきりしません。ぼくらは、よくわからないなりに相手のことを想像し、思いをめぐらせて、贈り物を選びます。

以前、小さなお子さんのいる家庭を訪ねたとき、絵本を三冊ほどプレゼントとしてもっていったことがあります。ところが、その人は、どの本もすでにお持ちでした。贈り物にはそんなことがよく起こるのです。でもそれはかならずしも「失敗」とはいえません。

贈り物の意義は、モノではなく、贈り物を渡そうとした思いのほうにあるからです。もちろん、相手がほしいと指定する物を贈ることもあります。それは、どちらかといえば代わりに支払いをする、といった意味になって、商品の交換に似てきます。

どのくらいの金額のものが適切なのか、どんなものだったら喜んでくれるのか、不確定なままであることが、贈り物に特別の意味を付与している面があるのです。

私が研究してきたエチオピアでは、よく知り合った人から「マスタオシャ」をくれ、と言われます。「思い出の品」といった意味です。何がいいのかと聞くと、たいていは「おまえのものなら、何でもいい」と言われます。その品物がその人にとって有用であるかどうかは、それほど重要ではありません。人が身につけていたり、日常的に使っていたりする物は、その人を偲ばせる物となります。それを目にするたびにその人のことを思いださせてくれる「記憶装置」なのです。「贈り物」には、そういう意味もあります。

たとえ欲しかったものとは違っていても、相手が自分のことをじっくり考えて選んでくれたものには、相手を想起させ、その人との関係をつくりだし、感情を喚起する可能性があります。

相手のなかに目に見えない何かを生み出すこと。それができるかどうかわからないまま、でもそれを目指して贈ること。そこに、モノの効用以上の何かが生じる余地が生まれます。

贈与としての教える／学ぶ

さて、教育が贈り物に似ているとしたら、そこで教えられている事柄そのものが重要ではないことになります。贈り物をとおして、贈る側と受けとる側が感情的な関係で結ばれるように、教育の場をとおして、教員と学生がともに、ある種の学びの関係を結ぶことに意味があります。

その関係をとおして、教えていると思っている側が学び、教えられていると思っている側が知らないうちに教えているような、双方向の関係が生じるのです。

教えられている事柄自体が重要ではないとは言っても、それなら教壇に立って何を話しても同じかといえば、そうとも言えません。相手が何を望んでいるのか、それがほんとうに伝わるのか、はっきりとわからないなりに、相手にとってほんとうに重要なこと、伝えるべきことに思いをめぐらせる必要があります。相手が喜んでくれるプレゼントを真剣に考えて選ぶように。そうでなければ、信頼にもとづく「学びの関係」は生じません。

ゼミの学生に一年前の私の講義について話を聞いても、ほとんどの学生はその内容を忘れています。正直、ほんとがっかりします。あれだけエネルギーを注いで準備して話したのに、忘れてしまったのか、と。ときには、こちらはその学生が授業に出ていたことを覚えていても、学生のほうは忘れていて、「あれ先生の授業でしたっけ？」と言われることすらあります。

こういうことを繰り返すうちに、やる気を失っていく教員もいるかもしれません。それでも多くの大学教員はなんとか、こういうことを伝えたい、一緒に考えていきたい、という思いでいつも教壇に立っているはずです。というのも、教壇に立って学生に向けて話す行為が、何かを一方的に与えるだけではなく、同時に学生から教えてもらい、学んでいる時間でもあると感じているからです。

単位だけくれればいいと思っている学生にとっては、いい迷惑かもしれません。聞きたくもないことを一方的に話されつづけるのですから。贈り物には、こうしたおせっかいな、差し出がましさがつきまといます。ほしくもないお土産物をもらって当惑するのと似ています。

でもだからこそ、「私の話がおもしろいと感じなければ授業に出る必要はありません」と学生たちには伝えます。みんながみんな同じように興味を感じる話など、多様な学生たちを相手にしたらそうあるわけではありません。大学の授業は、「出席」することに意味はありません。もし時間の無駄だと感じたのなら、図書館で本でも読んでいたほうがよっぽどましです。

大学での「学び」が発動するためには、学びたいという学生側の思いが欠かせません。それなしに、どんなに体系だったカリキュラムを組んでも、学びは生まれないのです。

そもそも、その「体系」とか、「教育目標」なんて、教える側の都合でしかありません。たとえば文化人類学の体系だった講義内容は、文化人類学者になるわけでもない学生にとっては、なんら重要な意味をもつ「体系」ではないのです。これから多様な生き方をしていく可能性を秘めた若い人たちにとって、何が重要なことなのか、それを教える側が一律に決めることなど、そもそもできない話です。

学生自身が、自分のこれからの進むべき人生のことを考えながら授業を選び、自分ならではの「体系」をつくりあげながら複数の授業を位置づけていく。それが大学の学びです。

大学でどんな授業をとるのか、自分の時間をなんのために使うのか、学生には一定の自由が欠かせません。なぜなら、その自発的な選択のなかで、はじめてそれぞれの学生が自分にあった授業の役立て方や気づきを得られるからです。ただ、与えられたものを受け身で聞いているだけで学べるわけではありません。

大学での学びにとって、より本質的なことはなんなのか。この問いに対する答えは、大学教員のあいだでも意見は一致しません。でも、その多様性も、学生のさまざまに異なる目的や選択をカバーするために許容されるべきなのだと思います。いろんな思いで教壇に立つ教員がいて、いろんな思いでそこから学ぼうとする／しない学生がいる。その自由が大学からなくなっては、大学の存在意義までも失われてしまいます。

第4章

研究と教育の関係

研究者が教育する意味

これまで大学教育にとって何が重要なのか考えてきました。一般論として「こうあるべきだ」と言いたいわけではありません。むしろ、ここで考えてきたのは、私自身が大学という場でなすべきことの確認作業のようなものです。

前に書いたように、東日本大震災をめぐる一連の出来事が起きたとき、一人ひとりが自分の「持ち場」を再点検することを求められました。これまで「あたりまえ」にやってきたことを、そもそものところから考えさせられました。社会のそれぞれの持ち場で「自分がやるべきこと」は何なのか、これまでと同じようにやりつづけていいのか、自問した人もいると思います。少なくとも、そうした問いが一瞬であっても多くの人の心に去来したはずです。この本はそんな自問自答から生まれました。

大学での学びについて問われるべき点がまだ残っています。ひとつは「教育」と「研究」との関係です。

大学で教えている人間は、ほとんどの場合、「研究者」でもあります。この「教育」と

「研究」とは、よく相容れない領域のように語られています。

「教育に時間を割かれて、研究ができない」

「優秀な研究者であっても、よい教育者とは限らない」

大学にいると、そんな言葉を日常的に耳にします。研究を本務と考えると、大学での教育業務は「負担」でしかありません。学生の教育こそが大切だという視点からみれば、研究は余剰の時間にやることに過ぎないかもしれません。自分も、多かれ少なかれ、そういうふうに考えてきました。

でも最近、大学の教育者が研究者であることこそが重要だと感じるようになりました。なぜ大学では、研究者が教育しなければならないのか？

それは第2章でもふれたように、どんな学問分野であれ、研究者として知的探究をしている人の多くが、いま私たちの周りにある「知識」が一時的な仮のものであることを日々、肌身で感じているからです。

研究者とは、つねにあらたな問いを発する人間です。もうすでに誰かが取り組んできた問いへのあらたな答えを模索するだけではなく、問いそのものを根本から考え直そうとしている人たちです。

つねに問いを探究していること。それが、大学での「教育」をダイナミックで動きのあるものにしています。一年前の授業で教えられていたことが、次の年にはもう古くなっているかもしれません。もっと重要な問いに気づいているかもしれません。

前にも書いたとおり、大学は教育機関のなかで教員免許がいらない唯一の場所です。その分野の「専門家」だと認められれば、大学の教員になる資格はあります。ただし、これまでも書いてきたように、「専門家」とは何かを「よく知っている人」のことではありません。むしろ、自分が「知っていること」は限定的だと知っている人のことです。「問いの探究」は、つねにまだ考えるべきこと、実証すべきことがたくさん残っていて、「いま知っていること」が不十分だという認識にもとづいています。だから研究者は、自分が教えていることが、やがて変わりうると知っています。あるいは、じつは完全には答えがわかっていないことを学生に教えている、と認識しています。

わかっていないことを教えるなんて、そんな無責任な、と言われるかもしれません。でも、「わからない」から「わかる」に向かうプロセスこそが、学問なのです。そして、「わかる」に到達したと満足した瞬間、それは「学問」ではなくなるのです。「わかる」に向けて探求しながら、つねにその先に「わからない」が立ち現れてくるのです。

私自身も、大学の授業では、これまでの研究で「わかった」と思っていることについては、あまり話しません。エチオピアの農村で自分が研究してきたことを話すことはほとんどありません。むしろ、これからわかりたいことを勉強しながら話しています。

ある年の授業では、「国家と暴力」について文献を読む授業をやりました。それまでこのテーマを正面から扱って研究したわけではありません。そのとき、エチオピアでは食糧援助について調査していました。直接的にその研究テーマとの関わりはないのかもしれません。

でも、エチオピアの社会主義時代の経験などを知るにつれ、これからの社会について考えるには、国家と暴力の関係を理解しないわけにはいかない、という思いから、そのテーマを授業で取りあげることにしました。これまできちんと勉強してきたわけではないので、当然、授業のための準備は手探りになります。毎回、学生の反応をみながら、そのコメントを思考の糧にしながら、私自身もなんとかわかろうとしていきました。

毎週の授業は、自分にとってあきらかに研究の一部になっています。それは、もちろんすぐに論文などの「成果」につながるような研究ではありません。どちらかといえば、基礎から土台をつくりなおしていくような、地味な作業です。

ただ、どこかでその授業のために掘っている穴が、いまエチオピアの現地調査で掘っている穴とつながっていくような感触をもっています。

こんな手探りの授業から、学生は何を学んでいるのでしょうか？

教育と研究との調和のとれた関係って、どうやったら可能なのでしょうか？

大学改革という虚構

二〇〇四年に国立大学が法人化されて、一五年あまりがたちます。この間、大学はつねに「改革」を求められてきました。事業計画をたて、アドミッション・ポリシー（入学者の受け入れ方針）を策定し、あたらしいカリキュラムをつくる。学部を再編して、あらたな看板を掲げる。縦割りの学部や大学院の外側に、文理融合の機関や英語教育のプログラムをつくるなど、落ち着きのない日々がずっとつづいてきました。

前にも述べたように、大学教員に企業などで経験を積んだ「実務家」を増やすべきだという意見があります。この「実務家」がいったいだれのことを指すのか、そもそもよくわかりません。

高校教育や教育行政に従事したことのある人が「実務家」だとしたら、大学教育や大学運営に従事した経験が「実務」でないとは言えなくなります。一般企業で働いた経験のことを「実務」というのであれば、公務員やＮＰＯなど非営利の活動に従事してきた人も、「実務家」とは言えなくなります。この「改革らしきこと」は、そのあたりのことをきちんと詰めないまま、かなり大雑把な前提にもとづいて進められているように思えます。

おそらく、この主張をしている人は、大学がどんな場所なのかをあまりわかっていないのだと思います。繰り返しになりますが、大学教育は「研究者」が担うことがとても重要です。これは企業などで働いた経験がある人ではダメだというわけではありません。「実務家」とされる人のなかにも、「研究者」というべき人はたくさんいます。その人がどんなキャリアをもっているかではなく、つねに「研究者」のマインドをもった人であることが必要なのです。

「研究者」が精通しているのは、かたちのはっきりした「知識」ではなく、その「知識」を導くための方法論です。これまで何度も、そのことを強調してきました。

企業など社会の現場で得られる知識のなかには、学生たちにとって大切なものも含まれているはずです。しかし、残念ながらその社会で役に立ちそうな「知識」はどんどん古くなっていきます。

一〇年前に企業の最前線で通用していた知識は、もはや役に立たないかもしれません。社会はそれほど変化のスピードが速くなっています。ですから、どんな状況でも、現役の「考える人」であることが重要なのです。企業の現場にいる人でも、つねにあらたな問いに挑んでいる人はたくさんいると思います。でも、ただ企業で「働いたことがある」という経歴に意味があるわけではないのです。

もちろん、大学で教員が教えている「知識」だって同じです。一〇年前と同じことを同じように教えつづけているような人は、たとえ博士号の学位をもっていたとしても、現役の「研究者」とはいえないでしょう。

「研究者」とは、つねに過去の研究に学んで最新の理論や基礎研究を参照しながら、自分の知識をアップデートし、さらなるあたらしい「理解」に向けて試行錯誤するプロのことです。どこで「働いてきたか」は関係ありません。その試行錯誤の「方法論」こそが、学生がこれからの不透明な時代を生き抜き、自分の力であらたな状況に対応していく「知恵」を手にするために必要なのだと思います。

大学では、シェイクスピアなど教えずに、観光業で必要な英会話や簿記会計を教えるべきだ、という大学改革の提言もありました（河野通和さんとの対談でもふれています）。これも同じです。いま大学で学ぶ学生が、どんな企業でどんな立場に立つのか、そこでどんな知識が求められるのか、じつは当の学生もわかっていません。たとえ観光業にしか就職しないと決めていたとしても、希望の企業に採用されるかどうかわかりません。たとえ採用されても、どういう部署に配属されるかはわからないでしょう。

そんななかで大学教育ができるのは、特定の業種に必要なスキルを教えることではなく、どんな現場に立っても物事を冷静に判断し、問いをみいだし、自分なりの答えを導けるような人を育てることだと思います。それができる人なら、どんな職業に就いても、自分で学びながら能力を発揮するはずです。

それに、かならずしも、みんなが一般企業に就職するとも限りません。企業で働く人材を輩出することだけが大学の役割ではありません。家庭のなかのよき家庭人として、子ども養育する親として、きちんと「考えられる」人を育てることも大学教育の視野には入っていいます。さらには、有権者として、国のありかたや政策について情報を収集し、自分なりの考えをしっかりともてる「市民」を育てることも大切な役割です。

どんな状況でも、物事をきちんと観察し、必要な情報を収集しながら、自分の頭で考えていく力。それが大学教育には求められています。シェイクスピアの作品をとおして、人間を理解し、人間について考察できる能力は、たとえその学生がどんな業種で働くことになっても、家庭人や市民として生きていくときにも、必要な知恵を育むはずです。そのことの意味がわからない人に大学教育はできません。

いま大学では、改革する「ふり」が横行しています。改革に熱心でないとみなされると、予算が削られます。それがどんな教育効果をもち、どんな革新的な研究につながるのか、不透明であっても、何かを変えていれば（学部名や授業の科目名だけであっても）、改革に熱心だということになるようです。ほんとうに不思議です。

大学の現場には、むなしさがあふれています。誰のための改革なのか、学生たちにその「改革らしき」ことの意義をきちんと説明できるのか。大学人として恥ずかしい事態がじっさいにたくさん起きています。

そんななかでも、多くの大学人は、ほんとうに大切なことを守るために現場で模索をつづけています。

研究者として、教育者として

大学の教壇に立つとき、多くの新米教員が陥る罠があります。それは、授業の準備をしすぎるという罠です。

何を話せばよいかわからず不安なので、話すべき事柄を前もって全部調べて、パワポや配付資料などに細かくまとめてしまう。そうやって準備されたシナリオ通りの授業をやると、学生の反応がすこぶる悪くなります。逆に予定していない話をはじめると、うつむいていた学生が顔をあげたりします。私も数年間の試行錯誤のなかで、やっとそのことに気がつきました。

誰だって、資料を読めばわかる、どこかに書いてありそうな話に知的興奮は覚えません。それは学生の身になってみれば、容易に想像できることでした。

人は立場が変わると視野が転換して、後戻りできないものです。自分の視野が変わっていることにさえ、気づかないことが多くあります。

思ってもみなかった「問い」をつきつけられ、その問いの背後に考えるべきたくさんの事柄が絡まっていることが、しだいに明らかになっていく。「おもしろい」講義ができる人は、たとえ丁寧に準備をしていても、それを謎解きのプロセスのように、学生がみずから問いを考えていけるような授業を展開しているのだと思います（私自身は、まだその境地には達していませんが）。

大学で教えられていることをそのまま覚えれば、何かの役に立つわけではありません。教員の話を一字一句ノートに書き写したところで、かしこくなるわけでも、（残念ながら）テストでいい点数がとれるわけでもないのです。

そうやって学んできた高校までの学習とは違う次元を、大学の教育は目指しています。そのひとつが「思考」というダイナミックなプロセスを身につけることです。

教壇に立つ者が広い意味での「研究者」である必要性もそこにあります。学生にとって、授業がダイナミックな知的探究になるためには、最初から結論が出ていないことが重要です。予定調和的で書いてあることをなぞるような講義であれば、図書館でその人の本を読んでいるほうがよっぽど意味があるでしょう（じっさいそんな授業もあるかもしれません）。

そうならないためにも、「教育」が「研究」の一部となる必要があるのです。授業が、話をする者にとっても考えるべき「問い」の追究の場であれば、おのずと聞く者を「思考」の道程に巻き込むことができるはずです。

本来、研究とは論文を書くことでも、学会発表することでもありません。ああでもない、こうでもないと考えをめぐらせ、試行錯誤するプロセスです。結果としての研究成果は、その膨大な過程の一部にすぎないのです。

最初から「答え」がわからないからこそ、そこに考える技法が求められます。それが「知性」であり、大学教育が「研究者」によって担われる理由でもあります。

でも、このことが大学の教員と学生との「すれ違い」も生んでいます。

「何が言いたいのかわからない」、「結論がない」、「ちゃんと答えを教えてほしい」……。教員に投げかけられる言葉は、学生と教員が同じ土俵に立てていない現実を示しています。

人が「むずかしい」と感じるとき、ただ理解できないというより、話の水準がかみ合っていないことがよくあります。

レポートでコピペをしたり、自分で考えた言葉ではなく、それらしいありきたりことを書いたりすれば、ふつうに認められると思っている学生にとって、そもそも答えがはっきりしない問いを考えるよう求められることなど、想定外なのかもしれません。

でも、大学に存在意義があるとしたら、なんとかして、その閉じた世界から学生を引きずり出さないといけないでしょう。それまでの「テスト勉強」から、リアルな思考の現場に降りてもらわないといけない。だって、現実の世界には答えがあらかじめ決まっていることなど、ほとんどないのですから。

「研究」は、浮世離れした現実的でも実用的でもない道楽だと思われているかもしれません。でも、容易には答えがみいだせない、複雑怪奇な「現実」にちゃんと向き合って考えることこそが、「研究」に課されている使命です。

日頃、誰もそんな悠長なことはやっていられません。だから、習慣や常識といった仮の答えを頼りに生きています。考えることをスキップして、限られた経験をもとに日々を乗り切っているわけです。

でも、それがほんとうに正しいのか、ほかに考えうるよりよき道はないのかと、考える者が世の中にはいたほうがいいはずです。できれば研究者だけでなく、多くの人の知恵を集めて考えていくほうがいいと思います。大学が研究と教育の場であることの理由は、そこにあるのだと思います。

研究とは、教育のためにあります。そして、教育も、研究のためにあるのです。

ともに学ぶ

大学教員が授業のために勉強しているというと、意外に思われるかもしれません。自分がしてきた研究の話だけで授業ができる人は、たぶんかなり少ないと思います。

研究者は、ふつう一人前と認められるために、博士論文を書いて博士号を取得します。この博士論文のための研究は、かなり限定されたテーマに関するものです。

特定のテーマに精通していても、その分野全般についての基礎知識があるわけではありません。たとえば「文化人類学」という分野のなかで、ひとりの人間が直接研究できる範囲はごく限られたトピックや地域のことにすぎません。私自身もそうでした。

文化人類学の博士号を持つ人が、その学説史や理論について、すべてきちんと理解しているわけではないのです。大学の研究者は、多かれ少なかれ、そんな中途半端な状態で教壇に立ちます。学生にいろんなことを学んでもらうには、教員だって勉強しないと追いつかないのです。

ただし、この授業のための「勉強」が、研究者としての能力を高めることにもつながります。それまでは学会などその分野に詳しい人の前で、自分の話をすればよかったかもしれません。でも大学では、そもそも自分の専門ではないトピックについて、ほとんど知識のない学生にわかるように話をしなければなりません。

つまり、教員となった「研究者」には、より高い理解力と表現力が求められるのです。言葉などのかたちにできて、はじめて「わかっている」ことになります。誰にもきちんと伝えられなければ、そもそもそれを「わかっている」とは言えないでしょう。

研究者として「わかっている」はずのことをいかに言葉にし、伝えられる「かたち」にするか。授業のための勉強の過程で、研究者は自分の研究分野への理解度を試されます。

大学で学んでいるのは、学生だけではありません。教えているはずの者も、そこで学びつづけているのです。つねに未完成の研究者が「伝える」ために「伝えるべきこと」の欠落を埋めようとする。大学とは、そんな終わりのない追究の場なのです。

教える側の「学び」は、授業の準備だけではありません。授業のなかで、学生の反応にいろんな発想をもらうことがあります。ゼミで学生が調べてきた事例から、あらたな知見をえることもあります。

学生からの率直な質問にたじろぎながら、自分の理解の浅さを突きつけられたことも、私自身なんども経験してきました。学生という対話の相手がいることで、はじめて自分の研究の深さや幅を再確認できるのです。学生の存在をとおして、まだ足りない何かを知ることができるわけです。

研究は、けっしてひとりだけでできるものではありません。つねにアイディアを伝え、受けとる「相手」が必要です。

じっさいに私も、フィールドで調査したり、部屋にこもって論文を書いたりする時間ではえられない刺激を学生から受けとってきました。もちろん容易には伝えられない、うまく対話できないという葛藤も含めて、ですが。

この学生という一筋縄ではいかない対話のパートナーがいることは、研究者にとって試練であり、また恵まれた環境でもあります。

大学で講義をしている人が街角でマイクを片手に話して、どれだけの人が足を止めて聞いてくれるでしょうか。ネットで講義を配信して、熱心に視聴してくれる人はどれくらいいるでしょうか。そう考えると、大学での伝えることの困難さは、まだ生ぬるいように思います。

音楽を志す人でも、文学や芸術を志す人でも、伝えるべき相手の存在は、つねに表現を駆動するエンジンとなっているはずです。目的や思いはさまざまであれ、学生という一般市民を前に表現する機会があり、その反応を感じられることは、研究の水準を高めるひとつのチャンスになります。学生に「教える」ことをとおして、「研究」が深まる。それが、教育と研究との理想的な関係ではないでしょうか。

「学生」とはだれか?

そもそも、大学の教員が伝えるべき「学生」とは、いったいだれのことなのか。そこには「学び」をとおして、いま手にしていない何かを求めている人すべてが含まれます。大学という場は、公的な場です。大学教育には、学生に限らずひろく一般の人に対する公的な使命があります。もちろん、それは政府の方針に沿った教育・研究をしなければならない、といった狭い意味での「公」ではありません。その時代の流れに振り回される短期的な「役に立つ」を目指すものでもありません。学問に課された公的な使命とは、もう少し長い時間軸と広い対象に及ぶものです。ひとつの「国」に限定されるわけでもありません。

そんなことを言うと、「国立大学は、国の税金を投入しているのだから、国の政策や国民の利益を第一に考えないでどうする！」とお叱りを受けるかもしれません。でも、そもそも、大学で教育・研究されている学問のほとんどは、日本という国民国家の成立より前からはじまっているものです。さらにいえば、日本に暮らす国民の生活は、日本人の働きや知識だけによって支えられてきたわけではありません。

日本企業や日本人が利益を得てきた産業や生活環境をかたちづくってきたのは、世界中で行われてきた研究の成果をもとにしています。学問的な研究は、そもそも国という範囲に限定されて行われているわけでもありません。私たちは、すでに時代を超え、国を超えた研究の蓄積からたくさんの利益を享受してきたのです。

そうやって、世界中からたくさんの知識や研究成果を受けとっているにもかかわらず、日本の大学の研究・教育が、授業料を払って在籍している「学生」や税金を払っている「納税者」のためだけのものだと考えるのは、いかにもバランスを欠いています。

数千年におよぶ学問の体系に貢献してきた人たちがいなければ、私たちはこんな豊かさや便利さを手にできなかったはずです。そのことをふまえれば、大学の研究・教育を狭い意味の「国益」に限定することが、いかに身勝手な偏狭な視点か、わかると思います。

研究者が大学という場で生きることを許されているのは、その広い意味の「学生」に対して伝える「かたち」をつくりだすためなのだと思います。私がこうした本を書いて、大学の外の人に何かを伝えようとしているのも、そういう思いがあります。もちろん日本語で書いているのですから、日本の読者を対象として想定しています。でも大学の研究者は、その研究成果を国際学会や国際的な学術雑誌に発表することもあります。それは世界的な知の構築に少しでも貢献するためです。

あるとき私の書いたエチオピアの英語論文についてアメリカからメールが届いたことがあります。ネットで公開されたものを読んでくれたようです。その方は、私が研究するエチオピアの南西部でコーヒー農園を開設した事業家の娘さんでした。彼女のお父さんの農園は社会主義的な軍事独裁政権のもとで政府に土地を奪われました。ネットで見つけた論文に、自分の家族の話が出てきたことに驚き、連絡をくれたのです。英語で研究成果を発表すると、そんな学術界とは無関係のところからの思わぬ反響もあります。

日本語であれ、外国語であれ、私たちは論文を書くとき、海外の研究者の論文を参照します。研究を深めるためにそれは欠かせない作業です。そして、そうした世界中の先人たちの英知から教えを受け、膨大な先行研究の蓄積をふまえてなされた自分の研究成果をまた世界に向けて発信するわけです。

大学で学び、教えられている「学問」とは、いつの時代であっても（「グローバル化」が声高に叫ばれる前から）、そもそもこのように国際的な営みに根ざしています。学問に従事する人間は、こうして世界中の「学ぶ人」から知見を得て、また世界中の「学ぶ人」に向けて何かを伝えようとしています。私たちの学問が対象にしている「学生」とは、国境を越え、次の時代を生きる世代も含めた、とても広い範囲の人たちなのです。

ここまで大学での教育や研究について考えてきました。でも、これはいわゆる一般的な「教育論」や「大学論」ではありません。むしろ、私自身がつながっている社会や世界の一部を再構築するための見取り図をつくる作業だと思って書いてきました。

文化人類学という学問を学んだ人間が、大学という場でいかに学生たちと向き合い、大学の外に広がる世界に向けて何を発信し、世界の再構築に貢献できるのか。ここまで書いてきたことは、その具体的な実践のためのひとつの試みです。

いま私には、何ができるのでしょうか。そもそも「教育」って、いったいどんな営みなのか。ティム・インゴルドという人類学者は、人類学という学問はそもそも教育的なのだというおもしろい主張をしています。次章で彼の考えていることを紹介しながら、大学で行なわれる学問と教育の関係についてさらに考えていきましょう。

第5章

文化人類学者の教育論

知識と知恵――人類学という学問

これまでは、人文系の学問を中心に、ひろく大学の教育や研究一般について考えてきました。この章では、私が専門としている文化人類学の立場から、そもそも「教育」って何なのか、もう少し掘り下げていこうと思います。

イギリスの人類学者ティム・インゴルドは『人類学とは何か』(*Anthropology : why it matters* 亜紀書房より邦訳刊行予定)という本で、彼の考える人類学という学問は知識生産とはまったく無関係なんだ、とすごく大胆なことを書いています。

人類学者は、世界のいろんな現場でフィールドワークをします。現地の言葉を学び、人びとと長い時間を一緒に過ごし、参与観察する。インゴルドは、人類学は、その人びとに「ついて」の学問ではなく、人びとと「とともに」研究するのだ、と言うのです。いったいどういう意味でしょうか?

本書でも、第2章でさまざまな情報を組み立てることで構成される「知識」とその知識を生み出す考える方法としての「知恵」という対比を使いました。インゴルドも、同じように知識（knowledge）と知恵（wisdom）はまったく違うという話をしています。まずインゴルドのこの対比から説明していきましょう。

インゴルドの定義では、知識とは、自分たちが生きている世界の文脈を超越した場所にあって、その世界を説明したり、分析したり、解釈するものです。そして、文化人類学の目的はその知識を生みだすことではないと言うのです。

どんな学問でも、自然界や人間社会のさまざまな現象を理論づけたり、説明したりするためにあるんじゃないの？　と不思議に思う人も多いでしょう。

あくまでインゴルドが考えるちょっとラディカルな尖った人類学の話ですが、彼は人類学の目的は、フィールドワークをとおして出会う人びとがどのように生きているか、その経験を観察し、共有し、そこから人間の生がどんなものかをその人びとと私たちが生きている文脈のなかで考えていくことにある、と考えています。

文化人類学は、現場の人びとと長期間にわたって寝食をともにするようなフィールドワークを重視してきました。フィールドでその生活に参与しながら観察したり、対話したりする相手は、研究の「対象」ではなく、ともに人間や世界について考えるための「パートナー」なのです。

インゴルドは、こう書いています。世界の文脈から離れた「知識」は、研究者が頭のなかでつくりだした思考の概念やカテゴリーのなかに物事をあてはめて説明しようとする。それがその研究対象を固定してある程度まで予測可能なものにするのだ、と。

私たちは、知識で武装すると言ったり、その知識を使って困難に対処できるようになる、といった言い方をします。でも、インゴルドは、知識の砦に逃げ込んでしまうと、それ以上、身の回りのことに注意を払わなくなってしまう。それではだめなんだ、と言います。「知恵」をもった賢明な人は、それとは逆に、物事が起きている世界のなかに身をさらして、そこに生きている他者のあり方にちゃんと注意を払う。知識を使って問題を解決しようとするとき、その挑戦のプロセスは問題が解決すれば終わりを迎えます。でも、知恵の方法は、人生という終わりなきプロセスに開かれている。なぜなら、誰もが生きている以上、死ぬまでそのプロセスに最終的な解決や答えはないからです。

知恵を手に入れる。人類学が目指すものは、知識で武装して、それを武器に問題を次々と片付けていくことではありません。知恵とは、つねに他者の声に耳を傾け、目の前で起きている事柄に注意を払いながら、これからどんな未来を歩むのか、その可能性について豊かに想像する終わりなきプロセスを生き抜く力です。他者とともによりよく生きるための方法と言ってもいいかもしれません。

こうした人類学の知恵を手に入れるための方法こそが教育的なんだ、とインゴルドは主張しています。いったいどういう意味なのでしょうか。彼の考えていることをたどっていきましょう。

人類学の教育的潜在力

インゴルドは、「教育」を私たちの「生」を変容させることだと考えています。

人類学者がある現場に入ってフィールドワークをするとき、無色透明の客観的な立場にとどまりつづけることは不可能です。もちろんある程度の距離をとって注意深く観察しようとするわけですが、それでも生身の人間がその場で長い時間を過ごす以上、人類学者の存在自体が、そこで生きている人びとに影響を与えたり、逆に人類学者が彼らから影響を受けたりすることは避けられません。

インゴルドは、むしろ、その客観的でも中立的でもない人間どうしの直接的な出会いのなかに、人類学という変わった学問の独自の可能性があると考えているのだと思います。

そこで避けがたく生じてしまう出会いや対話をとおして、人びととともに考えるプロセスが進んでいくからです。そして、人びとも人類学者も、ともに変容を経験する。

でも、もちろん、その人間と人間の出会いのプロセスが教育的になるかどうかは、あらかじめ決まっているわけではありません。インゴルドも、それはあくまでも潜在的なものにとどまっている、と書いています。

インゴルドは、そこで起きるお互いの「変容」が教育的でありうるためには、人類学者が人びとを研究の対象として突き放して扱うのではなく、彼らから学ぼうとする姿勢がなくてはいけない、と言います。

人類学者がフィールドで出会った人びとをちゃんと生きている人間として扱い、その（おそらくは私たち自身とは少し違う）生の歩みから真剣に学ぼうとするとき、人類学者の世界の観方も変容するし、その変容を目のあたりにする人びとのほうも何らかの学びを得られる可能性が出てくる、と。

インゴルドが、人類学は知識を生産する学問ではないと考える理由も、そこにあります。多くの学問は、研究の対象についてデータを集めることを目的としています。人類学も、量的なデータではなく、質的なデータを集める学問だと言われることもありますし、実際にそう考えている人類学者も少なくないと思います。

インゴルドの人類学のとらえ方がユニークなのは、そこであえて人類学者が人間のことを研究するのは、客観的な知識を生み出すデータを集めるためではない、と言い切っているところです。

人間が生きる営みは、無数の要素との関わりあいのなかで可能になっています。その一部をデータとして切りとって分析して、知識を生みだし、他の人にあてはめてみたところで、それがそのまま他の人の生活に役に立つわけではありません。

もちろん、世の中にはそんな「知識」があふれています。仕事を効率よくこなすための方法とか、お金を儲ける方法とか、恋愛がうまくいく本とか。あげだすときりがないくらい、そういうマニュアル的な知識はみなさんの身の回りにもたくさんあると思います。それを知ってうまくやれた、という人もなかにはいるでしょう。

でも、人間の生はそれぞれに固有の文脈のなかにあります。あなたとその隣にいる人は、何から何まで違います。生まれ育った環境も、好きな食べものも、ファッションの好みも、身体的にも、性格も、程度の差はあれ、違いだらけです。

なので、あなたにとって役に立った知識が、そのまま隣の人にあてはまるとは限りません。たとえば、「恋愛を成就させる方法」という知識があったとして、あなたが好きになる人と、隣の人が好きになる相手が一緒とは限りません（同じ人を好きになったとしたら、なおさら二人とも恋愛を成就させるのは困難なわけですが）。相手が変われば、どうアプローチすればいいのかが変わるのはあたりまえですし、見た目も性格もさまざまな人が同じやり方をしてうまくいくわけがありません。

人間に関する「客観的な知識」と言われるものは、そのほとんどが一般的な話ばかりです。ふつうはこういうことが好まれるとか、そう考える人が多いとか。たとえ、それが九〇％の人にあてはまったとしても、目の前の人がその九〇％に入るのか、残りのあてはまらない一〇％に入るのか、わかりません。あなたにとって大切なのは、一般論ではなく、特定の相手に受け入れてもらえるかどうかという個別で具体的な現実です。

だからこそ、インゴルドは、人間の生の営みを「データ」といったかたちでその固有で差異に満ちた現実の文脈から切り離したら意味がなくなる、と主張しているのだと思います。ある人の生きている経験は、どこまでもその人の生の文脈のなかでとらえ、考えていく必要がある、と。

そんなのまったく学問じゃない、と言われそうですね。そうなんです。インゴルドが考えている人類学のあり方は、既存の学問とか科学の枠組みから大きく逸脱しています。まったく正反対とも言えます。すべての人類学者がそれに賛同しているわけでもありません。でも、彼の語っている言葉には、学問って何か、教育によって人が成長するってどういうことかを考えさせるヒントがあります。もう少し彼の言葉に耳を傾けてみましょう。

迷宮と迷路

二〇一八年に翻訳された『ライフ・オブ・ラインズ』（フィルムアート社）という本でも、インゴルドは人類学と教育の関係について書いています。

そこでインゴルドは、これまでの一般的な学校の教育と、彼が考える教育とを明確に区別しています。ふつう教育とは、学習者の頭のなかにあらたな知識を入れ込むことだと思われています。でも、彼はそうではなくて、教育とは学ぶ人を生きられている世界それ自体へと導き出すことだと書いています。

学校教育で教えられ、覚えるべきとされている知識は、あらかじめ定められています。日本でもそうですが、多くは国が決めています。でも、それはインゴルドに言わせれば、ある社会が定めるルールや望ましいとされている秩序といった「意図にもとづく世界」に引っ張り込んでいるに過ぎないというのです。そこでの「世界」とは、さきほど書いたように、それぞれの生きている文脈に関係なく、一律に誰もが知っておくべきものと定められた知識で構成されている、架空の「世界」です。

インゴルドが人類学の教育的な潜在力を考えるときに想定しているのは、その人の生きている現実から離れた一般的な知識を頭のなかに詰め込むのではなく、あくまで個別具体的な経験の世界へと導き出すような教育です。そこで必要なのが、知識で武装するのではなく、目の前に生じている経験の世界に慎重に注意を払うための方法です。それを説明するために、インゴルドは、「迷宮《ラビリンス》」と「迷路《メイズ》」というたとえを使っています。そのふたつはどう違うのでしょうか？

わかりやすい「迷宮」のイメージとして、インゴルドは、登下校時の子どもたちの歩みを例にあげています。子どもたちは、通学路を俯瞰的にみて目的地に最短ルートを進むのではなく、驚きと発見に満ちた曲がりくねりとしてとらえて歩いているはずだ、と。

最近の日本の小学校は通学路が決められていて、そこからはずれたり、道草をしたりしてはいけない、と指導されることも多いのですが、子どもは本来、大人たちが定めたルートをそれて道草をするのが大好きです。

一方、都市で働いている大人たちは、ある地点から目的地に向けて、ナビに従って最短ルートを進むように歩きます。そこであらわれる道が「迷路」です。目的地に速やかに到達することしか頭になく、誰かに話しかけられて足が止まったり、ルートとは違う道に入り込んでしまったりすること、いずれもがある種の「失敗」として経験されます。

迷路を進むとき、私たちはゴールにたどり着くという意図をもって進みます。意図が先にあって行動はその結果に過ぎません。それはあらかじめ意図され、決められた知識を覚えるのと似ています。覚えることが目的であって、できれば最短で簡単に覚えられればそれにこしたことはありません。本来は、最短ルート以外にもいろんな道の選び方があるわけですが、その複数の選択肢は、いずれも目的地にたどり着くという目的から逸れるという意味で、迷路の「行き止まり」と考えられてしまいます。

「迷宮」の道をたどる子どもたちは、たとえば道に不思議な虫がいれば、足を止め、じっとそれを観察するでしょう。そうやってその虫を追いかけているうちに、脇道に入り込むかもしれません。その瞬間、子どもたちにとって目的地である「学校」や「家」にたどり着くことは頭から消えています。迷路を進む大人たちが目的地に向かうこと以外に関心を払わず、行先以外は視界にも入らなくなるのとは対照的です。

インゴルドは、そういう意味で、迷宮が世界に対して開かれているのに対して、迷路は閉じている、と書いています。迷路を進むとき、できれば最短で目的地に到達したいので、その途中で起きる出来事は、すべて余計なことだし、ないほうがよいものになります。そのとき、迷路の歩行者は世界にとって存在しないも同然なのだ、とインゴルドは言います。

これを読んだとき、私は日本の都会の通勤電車のことを思い浮かべました。通勤電車が毎日楽しいという人はめったにいないでしょう。電車のなかでは、みんな携帯を見つめるばかりで、周囲に注意を払ったり、隣の人とおしゃべりを楽しんだりする乗客はほとんどいません。ぎゅうぎゅうの満員電車ならなおさらそうです。一刻も早く目的地に着いてほしいと、外の世界への意識や感覚を麻痺させて、じっと自分の殻に閉じこもってその時間が過ぎ去るのをこらえる。そのとき、「わたし」という存在は世界に対して閉じていて、存在そのものが世界から失われていると言えるかもしれません。

寄り道をしながら、周囲のことに注意を払い、感覚を研ぎすまして驚きと発見のプロセスを楽しんでいる子どもたちと、なんと違うことか、ちょっと目眩がするくらいの距離です。

インゴルドは、迷宮の歩みは、目的地にたどり着こうといった「意図《インテンション》」にもとづくのではなく、たえまない周囲の世界への「注意《アテンション》」にもとづいている、と書いています。そうやって自分の周りに注意を払いながら歩む者は、世界と対話し、影響を与え合い、自分も周囲も少しずつ変化させていきます。だから、世界のなかに確実に存在しているのです。

ちょっと抽象的な書き方なのですが、インゴルドが迷宮と迷路の対比から言おうとしている違いは、ぼんやりとわかると思います。この二つの対比は、そのまま知恵と知識の対比とも重なります。

学校教育が意図をもってあらかじめ用意された「知識」を教え込むことだとしたら、どうやって生きていくか、その歩みのなかでそれぞれが自分や周囲のことに目を向け、その観察と対話をとおして、生き抜く方法を見いだしていくことが「知恵」なのです。

人類学のフィールドワークでは、客観的な第三者として観察するのではなく、人びとの実践のなかに参加して身体を動かして巻き込まれながら考える参与観察を重視しています。インゴルドも、この観察者であると同時に参与者でもあるという状態が大切なのだと言います。

参与観察は、対象から距離をとって客観化するのではなく、人や物に注意を払い、そのなかにまじって内側から学ぶ方法です。インゴルドは、それを「調和《コレスポンデンス》の実践」だと言います。

自分の知っている知識をひけらかしたり、その優位さを振りかざしたりする人は、知識をどこか違う場所から収集して、あてはめることばかりに夢中になるものです。自分が直面している現実をちゃんと見ないまま、自分のそばにいる他者やその場から学ぶことがあるとは思ってもいないのです。

それに対して、インゴルドが考える人類学的な「知恵」とは、自分の目の前の現実や周囲の人びとをしっかりと観察し、その動きに追従しながら世界を把握する方法です。目的地に一足飛びにたどり着くことを目指すのではなく、どうしたらうまくやれるのか、現実や他者との調和の道を慎重に探索しながら進んでいく歩みなのです。

インゴルドは、その「探求の技術」は人類学だけの特殊な見方だと言っているわけではありません。では、どんな実践と近いのでしょうか？

つくることをとおして考える

インゴルドは、『メイキング』（左右社）で、人類学はものをつくる職人《クラフトマン》の実践に近いと書いています。理論家が考えることをとおしてつくる者だとしたら、職人はつくることをとおして考えている。理論家は頭で考えて、その思考（「知識」と言い換えてもいいでしょう）を物質的な世界にあてはめる。職人は、それとは対照的に、周囲の人やモノとの実践や観察をとおした関わり合いのなかから考えを深めていく（そのプロセスが「知恵」に相当します）。インゴルドは、それを「探求の技術」と呼びます。

この探求の技術でも、迷宮での歩みと同じく、「調和」が重要になってきます。たとえば木工職人が素材となる木材をつかってモノをつくるとき、彼は慎重に木の特性を観察し、じっさいに触れたり、力を加えたりしながら、その性質と調和する方法を見いだしていくはずです。

もちろん木の種類によって性質が違います。季節によっても、そのときの湿度や気温、乾燥の度合いなど保存状態によっても、さまざまな条件によってひとつひとつが異なっているはずです。一般的に、この木がこういう性質だという「知識」だけでなく、じっくり感覚を研ぎすましながら木材そのものを観察し、手を動かしながら、その材料との関係を調整していくことが大切になります。それが「調和」を目指す探求の技術です。

この実践的なプロセスは、人類学者や職人だけでなく、あらゆるアーティストにとっても同じだとインゴルドは書いています。いずれも、ある種の調和の道を探りつつ、何かを表現として生みだしながら、世界を少しずつ変えていく。とりわけ、インゴルドは芸術に強い関心を寄せています。芸術は私たちの感覚を呼び覚まし、人間を内側から成長させうるという意味で、人類学と共通の関心をもつ領域とみなすべきだと言うのです。

インゴルドは、じっさいに大学で、美術家や建築家などとのコラボを重ねてきました。そして、美術のスキルがどのような課程で習得されるのか、その方法をみるために、美術学生を人類学的な参与観察に巻き込んだりもしています。

フィールドワークをとおして、過去にみずから変容を経験した人類学者は、それを次の世代に受け渡し、彼らの生きる世界の変容へとつなげていく責務を担っている。だから、目の前にある関係性のなかにとどまり、世界や他者とともに相互に変化しつづけなければ意味がない、とインゴルドは言います。

インゴルドは、教えることは参与観察のもうひとつの側面であり、ただ観察して自分一人で何かがわかっても、それだけでは人類学の営みは完結しないと述べます。人類学を教えることが、人類学を実践することであり、人類学を実践するとは、それを教えることだ。そこまでインゴルドは言い切っています。

インゴルドは、あらかじめ決められた知識を一方的に教えるのではなく、じっさいにものをつくりながらともに考える授業を考案し、実践しています。それは次に何がでてくるかわからないような、一緒に多くの学生とともに旅にでるようなものでした。こうして、芸術（Art）、建築（Architecture）、人類学（Anthropology）、考古学（Archaeology）の４つのＡというコースが生み出されました。

教育の目的は何か？　と大学のお偉方に問われ、参加した人類学者のひとりは「学生たちをよき狩人にするような試みです」と答えました。それは、探求の技術のなかで、学生が観察力を研ぎ澄ませ、観察のあとで考察するというよりも、観察をとおして考察を深められるようにするトレーニングでした。

そのプロセスにおいて、まさに狩人のように、学生たちが学ぶことを学び、生き物や物事の動きを追い、的確な判断でそれに応答できるようになる。その調和の実践のなかで、知恵に至る道筋を学生みずからが見いだしていくのだと、インゴルドは書いています。

目指されたのは、まさに既存の学校教育が進めてきたあらかじめ定められた知識を詰め込むような教育とはまったく違う試みです。テクノロジーが急速な進化をとげている現代の世界だからこそ、狩人のようにみずから知恵に至る道を探索できる人間のほうが、知識偏重の教育より求められていることは、誰の目にもあきらかだと思います。

何がどう間違ったのでしょうか。これまでも書いてきたように、いま大学で進められている「改革」と名のついた改変は、それと真逆の道を進むように背中を押しつづけています。

いま大学の教育について世間で言われていることの背後には、これからの大学がどうあるべきか、そこでの教育はこれまでと何がどう違うべきなのか、これまでの大学の何が学びにつながってきたのかに対する無理解があるように思います。

インゴルドの提示する「教育」と、そこで必要とされる「知恵」の意味をあらためて整理しながら、前章までの議論との関係を明確にしていきましょう。

「目標達成」という落とし穴

インゴルドの議論に通底しているのは、ふたつの線《ライン》の対比です。ひとつは始点と終点があらかじめ定まっていて、そこに一直線に引かれるような線です。都会の大人たちの歩みと重なります。もうひとつの対照的な線は、起点もなければ、到達点もないような、くねくねとした道で、子どもが寄り道しながら歩むような線です。

インゴルドは、『メイキング』のなかで、私たちの人生の歩みは、そんな曲がりくねった線をたどっていて、歩みを進めるうちに、あらたな地平線がぼんやり見えてくるようなものだと書いています。

起点—経路—到達点が定まった人生ほど、つまらないものはないでしょう。生まれることを起点、死ぬことを到達点だとしたら、そのあいだを脇目もふらず一直線、最短距離で進むって、ほとんど生きていないのと同じです。その定まった道を最短距離で歩むこと自体を人間の成長だと考える人はいないはずです。インゴルドは、そんな直線には、生命が動的に躍動する余地がない、と書いています。

いまいろんな大学で、授業をする教員も、学生も、学習目標や到達目標をあらかじめ明確に定めて、その達成状況を定期的にチェックすることが求められています。そんなことが大学教育を改善するための「改革」だとされて、じっさいに多くの大学ですでに同じような仕組みが導入されてきました。

それは、これまでも書いてきたように、とりあえずいい大学に入るとか、いい会社に就職するとか、誰かが決めた目標の達成を目指す姿勢と同じです。最初の目標さえ達成すれば、それで成長したことになるのでしょうか？　その目標達成のために、そのあいだのプロセスは、できるだけ効率的に、最小の努力や時間で、駆け抜けることが人間の成長につながるのでしょうか？

もちろん目標を達成することを一概に否定はできません。でも、人間が成長する、その契機を与える教育がどうあるべきかを考えるとき、この目標達成というロジックだけでは不十分なのはあきらかです。

なぜなら、人間が成長するということは、目標そのものが変わるからです。むしろ、はじめに立てた目標がずっと変わらないということは、その間、何もあらたな出来事や考えに出会わなかったか、大切な変化の契機を見逃してきたからかもしれません。必要なのは、最初の目標を達成することではなく、学びのプロセスのなかで目標そのものをどんどんと更新していける力です。

文化人類学の授業では、学生がフィールドワークをする調査実習をとても重視しています。特定の場所に出向いて人の話を聞いたり、参与観察をしたりして現地調査を行なう。そのとき、事前に綿密な調査計画を立てることを学生に求めます。

でも、もしフィールドワークを終えて、学生が最初に立てた計画書どおりのことをやってきたら、人類学の教員は「何を見てきたんだ！」と叱責するはずです。計画通りに調査をして怒られるって、そんなばかな、と思われるかもしれません。でも、さまざまな現場を経験した人類学者は、現実がつねに予測不可能で複雑な事柄に満ちていることを知っています。現場に行く前に立てた机上の計画通りにいくはずがないのです。

現場に入る前に立てた計画がそのままで何も変わらなかったとしたら、その学生は、そこで起きていることをしっかり観察したり、人びとの声にちゃんと耳を傾けたりできなかったか、自分にとって都合のよい情報だけをつまみ食いして帰ってきただけでしょう。そもそも、事前に想定されていたとおりの情報を集めるだけなら、わざわざ現場に行く意味はありません。

きちんと目の前で起きていることに注意を払い、人びとから学ぶという姿勢で、対話を重ねながらそこで起きていることを把握しようとすれば、おのずと予想外のことが見えてきます。そうしたあらたな発見へのルートを探索する技術こそが、繰り返し書いてきた「知恵」の方法です。事前の計画は、理屈で考えたり、本で読んだりした「知識」が現実にそのままあてはまらないということを身をもって経験するために立てているとも言えます。

人類学の教員は、学生たちに、自分の意図や目標を計画通りに達成することではなく、その歩みの先に想像もしていなかった地平線が見えてきて、自分が変わり、世界への見方が変容していくという経験をしてもらいたいと思っているのです。それが、学問が教育的でありうることの意味だと思います。

インゴルドが言うように、目標に向かって脇目もふらず突き進んでいるあいだ、私たちは世界に対して存在しないかのようになります。おもしろいことはすべて道の途中で起きる。インゴルドは、そう書いています。ふらふらと寄り道もせず、文字通り「死んだように」、何も考えず、周囲のことも他者にも注意を払わない人が、自分自身を変容させ、社会をよりよい場所に変容させていくような、創造的な仕事ができるとは思えません。

社会に役立つ実学を教えるべきだ、という考え方も同じです。あらかじめ役立つ知識があって、それをあてはめるべき固定した状況が想定されています。でも、そもそも社会も、人の人生も揺れ動き、変化しつづけています。歩みを進めるうちに、どんな地平線があらわれてくるのか、きちんと注意を払いながら進み、いち早くその変化との調和の道を探る能力こそが求められているはずです。かつて役に立ったかもしれない「知識」を詰め込んでそれを一方的に現実にあてはめるよう導くことに、どんな教育的な意味もないのです。

これまでの学校教育では、目標達成のためにじっと我慢して努力すること、言われたことをそのまま効率よくこなす能力がおもに評価されてきました。もちろんそれだけにとどまらないさまざまな試みが現場レベルでなされているわけですが、それは子どもたちを前にした教員が「教育」とはどんな営みなのかを真剣に考えて試行錯誤してきたからです。次の章では、私自身の大学という現場での経験にもう一度、立ち戻りながら、人間が成長するために必要なことは何なのか、考えていこうと思います。

第6章

人間の成長と社会のゆくえ

対話をとおして世界を考える

私が学んだ京都大学には、たくさんの政治的なメッセージが書かれた「立て看」がありました。学生運動をするグループがヘルメット姿で行進する姿も、マイクをもってアジ演説する姿も、おそらく私が大学にいた九〇年代末が最後だったのではないでしょうか。当時かろうじて、かつての学生運動の余韻が残っていました。

現在勤めている地方国立大学に着任したとき、ほとんど立て看がないことに驚きました。学生が政治的な運動をするような雰囲気は微塵もありません（その後、二〇一八年から、京都大学でも立て看が禁止されるようになるのですが……）。

大学は学問をする場所であり、教員と学生がともに学ぶための場です。特定の政治運動をする場所ではありません。二〇一五年、集団的自衛権を一部認める安保法制が審議されているとき、多くの大学でそれに反対する声があがりました。なぜ、大学にいる人間がそんな政治的なメッセージを発したのでしょうか。その背景には、たんに自分たちの政治的意見を声高に叫ぶこと以上の理由があったと思います。

学問に欠かせないのが「対話」です。この対話が成り立つためには、誰かひとりだけがマイクをもって話し続けたり、発言の内容や時間が制限されたり、権力関係や罵詈雑言で威圧されたりといったことが起きない、自由でフラットな空間が必要になります。そうでなければ創造的な発想も、研ぎ澄まされた思考も、生まれません。

本来の大学には、この創造的な「対話」を生みだす素地があります。自由な時間があり、多様な背景をもつ人が集まってくる場所なのですから。でも対話が起きるには、学生が教室で教員の話を聞いて、言われたとおりの課題をこなして、単位をとって卒業するだけでは、まったく不十分です。学問の場としての大学には、「教室」とは別の対話の空間が欠かせません。

現在、大学では、そうした対話の場がどんどん失われているようにみえます。いま勤めている大学には、政治的な立て看がないばかりか、学生の自治会もなければ、学生新聞もありません。

夏休みなのに図書館や研究室ではたくさんの学生が勉強しています。教職や公務員を目指してがんばっている学生も多く、驚くほどみんなまじめです。

でも、世間を騒がす政治問題があっても、学生たちが学食でそれについて語っているのを耳にすることも、ビラをまいたり演説したりする姿を目にすることもありません。どんなに社会的に重要な事件が起きても、まったくいつもと変わらない様子でキャンパスを歩く穏やかな学生たちの姿があります。

そんな様子に、私自身、大きな危機感を覚えました。政治的な議論に対して、賛成するにせよ、反対するにせよ、学生たちのあいだでなんらかの議論は生まれているのか？　大学はそんな対話を促す場として機能しているのか？　と心配になったのです。

学生には、ある程度、自由な時間があり、集うための場所もあります。でも、授業や公務員講座など、自分自身の小さな利害に関係あること以外には、その時間と場所を使っているようにはみえません。現実に政治的な問題は、彼らの人生を大きく左右するにもかかわらず。

いまいる大学は、緑が多く広々として、とても気持ちのいい場所です。学生たちが行き交うこの広大なキャンパスは、かつて陸軍の駐屯地でした。第17師団や歩兵第33旅団の司令部が置かれ、歩兵第10連隊や工兵第10大隊などの兵営がありました。この地から若い兵士たちが出征していきました。

大学のすぐ裏には、いまも陸上自衛隊の駐屯地があります。山の中には日本でも有数の弾薬庫があるそうです。大学の正門に向かってまっすぐにのびる道では、大勢の学生が自転車をこいでいる横を、よく自衛隊の大型トラックが通っていきます。門の目の前にあるバス停には、自衛官募集の広告が出ています。

そんな大学で学ぶ学生たちは、国の安全保障政策にどんな立場をとるにせよ、この歴史や現実と無関係には生きられません。ですから、ぜひこうした社会的な問題について議論してもらいたい。異なる意見をもつ人との対話をとおして、自分なりの言葉を獲得してもらいたい。そして、その意見をきちんと人前で語れるような市民になってほしい。大学をそんな活発な対話が生まれる場にすることが、大学に関わる人間の責務だという思いに駆られました。

もしかしたら、自分たち教員が大学をたんに授業をして単位を与えるだけの対話の生まれにくい閉塞的な場にしてきたのかもしれない。そう反省を迫られました。

私は授業などで、あえて政治的なことや社会的に話題になっている問題について問いを投げかけることがあります。もちろん特定の意見に賛同を求めるものではなく、あくまで学生のあいだに対話のきっかけが生まれることを願ってのことです。すると、日頃は無関心のようにみえる学生たちのあいだで、議論が白熱することがあります。

学生のなかにも、いろんな社会的な問題について考えたい、知りたいという欲求はあるように思います。でも、それぞれの小さな思いは分断されて、見えなくなっています。その見えない小さな声が集うための人間関係や機会がないようなのです。

もし声にならないまま、もやもやとした思いを抱える学生がいるのなら、その思いを語るための「言葉」を提供したいという気持ちがあります。でも、それを教員が必死になって用意しても、それはそれで押しつけになります。どうやったら学生たちのなかに、社会のこと、政治のことを考え、語り合う場ができるのか、いまも私自身にははっきりとした答えはありません。

ときどき授業とは関係ない時間に、ドキュメンタリー映画の上映会をやったり、ゲストを呼んで講演会を開いたりしています。学生に、授業の外（単位とか卒業とか、目先の目的のための手段とは無関係な場）で、自由に、そして主体的に考えてもらおうという試みです。

でも、なかなか学生は参加してくれません。いまの学生は、おおむね忙しそうにしています。昔とは違って、大学の授業も課題がたくさん出るし、バイトやサークル、公務員試験のためのダブルスクールなど、時間に追われています。大学に通う学生たちの多くが厳しい経済的境遇に置かれていることも関係しているかもしれません。

大学では、学生に大きく成長する経験をしてほしいと思います。人生を変えるような本や映画と出会ったり、一生涯の友人をみつけたり、さまざまな機会をとおして、これまで考えたこともない方向に大きな一歩を踏み出してほしい。そのためには、たぶん与えられ、用意された授業をこなしていても、十分ではありません。

私自身、どうしたら大学で学生にそんな機会を提供できるのか、まだわかりません。むしろ、そうやって教員が学生に成長の機会を提供できるなんて、ただの思い上がりかもしれません。そのことは、学生を前に教壇に立つようになって以来、ずっと考えつづけてきました。

もしかしたら、大学のなかだけの問題ではなく、社会全体からそうした自由な対話の場が失われている結果なのかもしれません。いまの大学にくるまえに、私は東京の私立大学に二〇一〇年から五年間勤めていました。そこで自分の学生をもつ、というはじめての経験をしました。そのときに感じていたことをもう一度、振り返っておこうと思います。

違和感に耳を傾ける

大学の授業では、私自身、よく「あたりまえを疑え」とか、「常識を疑え」などと学生に向かって口にします。

それはいったいなぜなのでしょうか。東京で過ごした五年間にわきあがってきたいくつもの「違和感」を振り返ると、その問いと関係しているように思います。

東京の大学で教壇に立ち、はじめて電車通勤というものを経験しました。熊本で生まれ育ち、京都の大学に通った私は、幼稚園から大学まで移動はずっと徒歩か自転車でした。自分の足で目的地まで行く。それが日常でした。東京で満員の通勤電車に乗ること自体、「異文化体験」でした。

電車で通勤するようになって、すぐに徒歩や自転車と何かが大きく違うことに気づきました。自分の意志とは関係なく、人が決めたルールやスケジュールに身を委ねるようになった自分がいたのです。自分の意志とは無関係のシステムに依存する以外に、ほとんど選択肢はありません。

いまでも思い出すと冷や汗が吹き出します。東京の大学に着任した四月一日の最初の出勤日。春の低気圧の強風で電車が止まり、初日のガイダンスに遅れるという大失態をしました。

朝から強風になるのはわかっていたので、早起きしてバスで東京駅まで向かおうと思っていました。バス停につくと、最後尾が見えないほどの長蛇の列。とても乗れそうにありません。歩いて近くの駅まで行くと、走っている別の電車の路線までのバス停も、すごい行列でした。大学に着いたときにはガイダンスはすでに終わっていました。はじめてお目にかかって辞令を受けとるはずだった学部長への最初の挨拶は「遅れて申し訳ありません」というお詫びでした。

分刻みでやってくる電車にいったん乗ってしまえば、何も考えずにぼぉっとしていても、目的地に着いてしまいます。駅に着いたら、人波のなかを流れに乗って早足で歩く。「あ、忘れ物した」などと立ち止まったら、後ろから押されたり、人にぶつかったり、たいへんな迷惑になります。自分の足で歩いているときすら、人の流れに身を委ねるしかないのです。

いったん不測の事態が起きると、そのシステムは大混乱をきたします。自分の力では、どうやってもたどり着けない距離を毎朝移動していることを、そんなときはじめて突きつけられるのです。

何百万人もの人が朝から一斉に移動する。大量の人間の移動をさばくために、高度に洗練されたシステムがつくられていて、みんなそのシステムに乗っかることがあたりまえになっている。システムに身を委ねるしかない日々を送りながら、なんともいえない違和感を覚えるようになりました。子どものころからそれがあたりまえに育ってきた人にしてみれば、「ただの田舎者じゃないか」と笑われるでしょうが。

おそらく私にとって、分刻みの電車に乗って移動することは、配送会社のベルトコンベアーを高速で流れて仕分けされる段ボールにでもなった気分だったのかもしれません。これに慣れてしまったら、自分がモノになってしまうような気がしました。

東京の大学生も、私にとってはカルチャーショックでした。最先端の大都会でおしゃれな格好の学生が多いのですが、それでもどこかみんな同じに見えました。そのときは、流行とか、情報とか、ある種のシステムに身を委ねている結果、個性がないのかなと考えたりしていました。

「人間は考える葦だ」とパスカルは言ったけれど、本来、じつはそんなに考えることが好きな動物ではないのかもしれません。どちらかといえば、そのつど考えて行動するのはたいへんなので、誰かに決めてもらうほうがいいし、習慣やすでに用意されている常識に従って動くほうを選んでしまいます。

はじめての東京は、混沌とした大都市でありながらも、きれいに空間が峻別されていて、それに沿って、人間が判別されているような印象もありました。「あ、〇〇駅に家があるのね、お金持ちなんだね」、「〇〇大学か、それは……」。山手線の内側か外側か、二三区内かその外かなど、いろんな暗黙の基準で人間が峻別されています。

そうやって相手の属性を住む場所や通った学校から判断するほうが、話が早いのです。自分がつきあうべき相手なのかどうかは、そのラベルに沿って判断すればいい。人も情報量も多いと、その単純化はとても効率的です。

だから東京は、交通網だけでなく、いろんなところであまり考えずに済むようなシステムができあがっていて、そのなかでうまくレールに乗れば、それなりに評価を受けられるような場所に感じられました。もちろん、これは田舎から出てきた人間のごく限られた経験にもとづいた主観的意見にすぎません。

でも、田舎に生まれ育ち、大人になってはじめて東京を経験したからこそ、みえたことがたくさんあったといまも思っています。それはこの世の中を考えるときの貴重な経験でした。研究のために通っていたエチオピアの村とは対極にある都会の姿を垣間見て、その気の遠くなるような距離から、いま生きている社会についてあらためて考えさせられたように思います。

自分の足で立って歩む

人間がつくったシステムは、かならず壊れます。地震などの自然災害だけでなく、強風や人身事故でも、システムはすぐに乱れます。現に、東日本大震災のとき、停電で都市機能は完全に麻痺しました。複雑な交通網が一斉に遮断され、数百万人が、自宅から遠い場所に取り残されました。私の友人も、ヒールのある靴で五時間以上かけて歩いて帰宅したそうです。

日ごろからシステムに頼っていると、こんなとき、いかに自分が無力かを突き付けられます。毎日、電車で一時間以上かかる距離を通勤していることが、けっしてあたりまえのことではなく、むしろ交通システムがなければ成り立たないリスクに満ちた、「不自然」ともいえる行為なのだと気づかされます。

ここで「システム」という言葉で表現していることは、交通機関や電気などのインフラだけではありません。一般的にこう考えれば効率がいいとか、こうしたら就活がうまくいくとか、世の中にはそんなマニュアル的な情報がたくさんあふれています。そんなマニュアルやルールに無批判に従う姿勢のことも指しています。

でも、用意された一般的な「答え」は、つねにそれが通用しない事態に遭遇します。結婚生活においてかもしれないし、企業に働くようになってからかもしれません。それまで「常識」と思っていたことが、どんな場でも通用するほど、世の中は単純ではないのです。

インターネットを検索したところで、うまい具合に「答え」が見つかるとは限りません。だって、私たちは、ひとりひとり、まったく違う固有の人生を生きているのですから。これまでも書いてきたように、ある人にとっての「真実」が、そのまま他の人にとっての「真実」になるわけではないのです。

だからこそ、重要なのは、既存のシステムに「乗る」だけはなく、そこからあえてはずれて、自分の足で一歩一歩、確かめながら歩くことなのだと思います。自分がどうやって生きていけばいいのか、どんな人間なのか、そんな答えのない問いにきちんと向き合う。それを大学で経験してもらえたら、という思いがあります。

私の教えている文化人類学では、学生が自分で社会のいろんな現場に行くフィールドワークを重視しています。それは、この自分で考えながら歩む能力を学生に培ってもらう絶好の機会です。

自分が生活してきた小さな世界から飛び出して、それまでふれたことのない人びととの生活に飛び込む。かならずしも外国などに行く必要はありません。身の回りにも、未知の世界は、ごろごろと転がっています。

とくに子どものころは、ごく限られた人間関係のなかの小さな世界にしか生きていません。そこで「あたりまえ」だった常識が通用しない世界に身を置くと、それまでの自分がいかに無知だったか、生きてきた世界の小ささ、視野の狭さに気づかされます。フィールドワークを経験した学生たちをみていると、その気づきが彼らにとって重要な意味があることがわかります。

偏差値の高低がすべての小さな世界から一歩、外に飛び出せば、その数字がいかに限定的な意味しかもたないか、思い知らされます。そうやって、それまでの「あたりまえ」が壊れると、そこからどの方向にどう一歩を踏み出すか、はじめて自分の頭で考えるようになるのです。

とくに文化人類学のフィールドワークは、社会の片隅で、メディアなどにもとりあげられにくい人びとの小さな営みに目を向けます。多くの場合、私自身もまったく知らなかった社会の現実を学生たちはひろい出してきます。

ある学生は、大学近くの銭湯に通って、そこに独特の常連客コミュニティがあることに気づきました。最初は、恐る恐るだったのが、少しずつ常連客の輪の中に入り込み、見知らぬ世界に身をなじませていきました。そして、大都会の真ん中に微妙な距離感で関係を維持する人びとの集まりがあることを見事に描き出しました。

別の学生は、夏休みに東京の離島のスナックでバイトしながら、ほとんど知られていない日本の現実にふれました。「東京」といっても、いろんな場所で、ひとつに括れない多様な営みがあることに私自身も気づかされました。その離島には、都会生活に疲れた女性たちが「リゾートバイト」という名目でやってきます。つまり、離島の生活世界は、大きな社会の構造から切り離されているわけではなく、むしろその小さな空間に、より大きな構造の矛盾や葛藤が立ち現れているのです。

東京の都心が世界の中心のようにして生まれ育った人間には、そんな離島にも人間の重みのある営みがあることなど、想像すらしなかったと思います。小さな島に、東京のストレスに満ちた生活をとらえる重要な鍵があるなんて、私にとっても大きな発見でした。これまで学生たちのそんな「発見」に、なんども学ばせてもらいました。

自分の知らない世界の現実の一端に触れる。それが人類学のフィールドワークでは大切なことです。学生にはできるだけ、自分が生まれ育ったコミュニティとはかけ離れた場所に出かけて行くよう促しています。ただし、それはなかなか容易なことではありません。みんながみんなうまくそこで目を開かれるような経験をするとは限りません。

それでも、フィールドとの出会いのなかで生き方を大きく変えた学生は少なからずいます。卒業のとき、そんな一回り大きくなった学生たちを送り出すのは、とても誇らしい気持ちになります。私は何もしていないのですが。

もちろん、人生は一筋縄ではいかないので、それでハッピーな人生を送れるわけではありません。でも、一度、自分の外側に広がる世界にふれ、自分の歩んできた道のりから少し距離をとって眺める経験をしておけば、少々の事態が起きても、なんとか自分の足で歩んでいく力がついているはずです。そう信じて、いまも学生たちをさまざまなフィールドに送り出しています。そうやって学生たちの背中を押すことくらいしか、教員にできることはないとも言えます。

学生たちは、フィールドワークで経験したことの意味をすぐにはわからないかもしれません。自分が大学時代に何を学んだのか、それがわかるのは働きはじめてからかもしれないですし、家庭をもったときかもしれません。

彼らがほんとうの意味で何を手にしたのか。それは教員にもわかりません。それぞれの学生にとって何が必要だったのか、自分は何を伝えられたのか、どうすれば成長のきっかけを与えられるのか、いまだに自問自答を繰り返しています。

まじめな学生のまじめさという壁

東京の私立大学で五年ほど働いたあと、地方の国立大学で教壇に立つようになりました。まず驚いたのは、授業時間に私語がほとんどないこと。かつては、なんども授業中に「静かに！」と注意しなければならず、それが苦痛でしかたありませんでした。それが、どんなに大講義で人数が多くても、ほとんど私語を注意する必要がなくなりました。

学生が静かに話を聞いてくれる。それは教員にとってストレスが少なく、はじめは天国のような環境に思えました。でも、しばらくたつと、静かでまじめな学生が、かならずしも「いい」学生ではないかもしれない、と思うようになりました。

私が講義で話したことを、大半の学生はうなずきながら聞いて、受けとめてくれます。

でも、だんだん不安になってきました。えっ？　もしかして真に受けている？　こちらが言ったことを疑って自分なりに考えようとしているのかどうか、その手応えがえられないのです。

以前の学生たちは、話を斜に構えて聞いていて、おもしろくないと聞いてやるものか、という態度がありました。それは教員にとって大きなストレスだけど、人前で話しをすることの難しさを突きつけられ、鍛えられたという意味で、恵まれた環境だったのだと、その場を離れてはじめて気がついたのです。

もちろん、どんな大学でも、さまざまな学生がいるので、一概には比較できません。印象のレベルで言えば、地方の国立大学に集まってくる学生は、優等生タイプが多い。親に言われるままに大学受験をして、ここに来ました、という学生もいます。家庭の経済状況や兄弟の進学のことなどを考えれば、生まれ育った地方で公務員になる以外は考えられない、という学生もいます。東京では、そういう学生にあまり出会いませんでした。

地方公務員になるための勉強は、ほとんど受験勉強の延長のような学科試験対策ばかりです。いかに知識ではなく、それを導く「知恵」が大切だと授業で説いても、そのあとの公務員講座で正反対のことを言われる。なんとも皮肉な状況があります。

まじめな学生がもってくるフィールドワークのテーマも、じつに「まじめ」なものが多い。学生なら想像するだろうことばかりで、すごくおもしろい！　とこちらが最初から目を見張るテーマがなかなか出てきません。ニュースなどどこかで聞いたことのある社会問題をあげるだけで、突飛なおもしろい発想をする学生が少ないように感じます。

「まじめさ」は、受験勉強などにはとても役に立ちます。でも、自分の小さな殻を脱いで、あらたな世界へと一歩を踏み出すには、そんな「まじめさ」がひとつの乗り越えるべき壁になっているのです。

自分が生きてきた小さな世界のなかにとどまっている学生たちは、そこから一歩踏み出すことに躊躇しているようです。外の世界を知らなければ、真の意味での成長はできないというのに。そんな「まじめさ」の背景には、何があるのでしょうか。

大学と社会／会社の関係

就職活動をしている学生たちは、同じようなリクルートスーツを身にまとい、同じような髪型をして、同じような言葉遣いで話すようになります。それは、社会／会社がそれを求めていると学生たちが感じとっているからです。同時に、そうして横並びにみんなと同じにそろえることが、彼らにとって自分の頭で考えずに済む、楽なやり方なのでしょう。

でも、そんな自分で考えずに、自分の足で一歩を踏み出せない学生たちを、大学が世の中に送り出しつづけることが、ほんとうに社会にとって、意味のあることなのでしょうか。じつは社会／会社の側も、何がほんとうに重要なのかを立ち止まって考えようとせず、なんとなく流れに乗っているだけのようにも見えます。たぶん、同じような格好の同じような学生の群のほうが、採用のときに判断する要素が減り、効率的だったり、楽だったりするのかもしれません。

そうだとすると、社会全体が、流れに「乗る」だけで、自分の頭で考え、自分の足で歩むのを避けるようになっているようにも思えます。そして、そのことは、大学の授業内容を体系化／画一化し、ノイズの少ない予定調和的なものにしようとする流れと共鳴しています。

これまで書いてきたように、人生を切り開く「知恵」につながる学びは、最初から予測可能な状況では生まれにくいものです。もともと考えもしなかった自分になることが、「成長」であるにもかかわらず、いまだにシステムに「乗る」ことを評価しようという方向性が強調されています。

でも、そのシステムにうまく乗る能力は、システムそのものを刷新したり、あらたなものに創り変えたりする力とはまったく別物です。テレビゲームで高得点をとれるゲームの達人が、かならずしもゲームのクリエイターに向いているわけではない、という話を聞いたことがあります。システムのなかで効率的に上手にふるまえることよりも、予測不可能で予定調和的ではない自然のなかで遊び回る経験のほうが、あらたに物事を創造するときの力になるようです。

大学の学びも、自然のなかで遊び回るようなことなのかもしれません。学問という深い森をさまよいながら、行く先もわからない知的な冒険を楽しむ。それが大学の深みであり、社会にとっても大きな意義をもつはずです。でも、効率性やシステム化をよしとする社会の側から見れば、文字通り「遊んでいる」ようにしか見えないのでしょう。

これからの時代にどんな「学び」が必要なのか、その意味を考えないまま、みんなが「まじめ」にやっている社会／会社の基準にそろえることを求められています。

でも、おそらく社会を動かす想像力／創造力の源は、そんな「遊び」のような経験からしか、生まれてこないでしょう。そのことを、社会／会社の側でも、深く考えてほしいと思っている大学人は多いと思います。

現在、大学がさらされている圧力は、そもそも大学がどんな場所なのか、学問にどんな意味があるのか、それをとらえそこなっていることに原因があるように思えます。あるいは、社会/会社が画一化し、システム化しているなかで、「大学も同じようになれ」という声なのかもしれません。

でも、大学が同じようになることが、ほんとうに意味のあることなのか、いまの時代だからこそ考えるべきでしょう。大学などの「学びの場」が社会/会社と同じ論理で動くようになったとき、あるひとつの原理が社会を覆い尽くすとき、私たちはその原理そのものの妥当性を問い直したり、よりよきものに創り変えたりするための足場を失ってしまいます。

AI(人工知能)が人間の能力を超える時代がくると言われています。でも、じつはほんとうに問題なのは、AIが人間に近づいているのではなく、人間がAIのようなシステムのなかでしか動けない存在になっていることのほうだと思います。

人間が画一化し、システムに適応的になることは、人間にとってというよりも、AIのようなシステムにとって都合がよい。システムから自由に逸脱できること、既存の枠組みをさらりと超えて考えられること、それがこれからの学びにとっても重要なはずです。

もう一度、大学／学問の意義をとらえなおし、自覚しなおすことが、大学に関わる人間にも、大学／学問から何かを学ぼうとする人にも、必要な時代です。本書は、それを考える筋道を探索するためのささやかな試みでした。

対談

これからのガッコウ
「ほぼ日の学校」学校長・河野通和さんとの対話

河野通和（こうの・みちかず）：一九五三年、岡山市生まれ。東京大学文学部卒業。中央公論社（現中央公論新社）で、「婦人公論」、「中央公論」編集長などを歴任。新潮社では、季刊誌「考える人」の編集長を務める（二〇一七年春号で休刊）。二〇一七年四月、「ほぼ日刊イトイ新聞」で知られる株式会社ほぼ日（代表取締役社長・糸井重里）に入社し、古典を学ぶ「ほぼ日の学校」の学校長に就任。二〇一八年、第一弾の「シェイクスピア講座２０１８」を皮切りに、「Hayano歌舞伎ゼミ」、「万葉集講座」、「ダーウィンの贈りものI」を開講。著書に『言葉はこうして生き残った』（ミシマ社）、『「考える人」は本を読む』（角川新書）などがある。

本を読むという経験

松村　河野さんは岡山市のご出身という縁もあり、二〇一七年、「ほぼ日の学校」の学校長に就任されたすぐ後に、私の職場である岡山大学にご講演に来ていただきました。人文学みたいな役に立たない学問を大学で学ぶ意味はない、といった風潮が強まるなかで、あえて民間の企業が「古典」を学ぶ学校をつくるという試み、とても興味深くお話を伺いました。この本では、大学教員の立場から「これからの大学」を考えてきたのですが、河野さんには大学の外側の視点からご意見をいただきながら、これからの学びがどうなるのか、考えていきたいと思います。まず河野さんがどういう大学時代を過ごされたか、教えていただきたいんですが。大学は文学部を志望されたんですよね？　本がお好きだったんですか？

河野　本の多い家庭に生まれたので、あたり前のように、小さいときから本は読んでいました。ところが中学生の頃からスポーツや音楽にすっかり関心を奪われて、とくに高校時代はサッカー部だったので、そっちに夢中になりました。とにかく高校に入るとき、将来の志望に「全日本サッカーチーム監督」と書いてしまうような熱中ぶりで……。それで高校時代は、本はほとんど読まなかったですね。ただその間も、大学ではぜったい文学部に行こうと思っていました。高校の先生になぜ法学部に行かないのか、経済学部に行かないのかと言われたんですけれども、いや、自分は文学部に行きたいんだと。高校の間は運動でいいけれども、大学に入ったら、この間読んでない本を読んで、自分に足りないものを取り返していかなきゃと思っていました。

松村 大学に入ってから、サッカーはしなかったんですか?

河野 少しやったんですけど、すぐに辞めました。先輩もいたので、しばらく練習や合宿に参加したんですが、これを続けていると、勉強どころではないし、本当にサッカー漬けになるな、と。ちょっと体を壊したこともあって、選手としては早々と自分に見切りをつけました。

松村 じゃあもう、本かサッカーかの二択だったと?

河野 サッカーの才能は知れたものでした。ただ、大学もその頃、学費を値上げするというのでストが続いていました。入学後もずっと休みで、五月の連休明けから授業が再開するんですが、授業がおもしろくないんです(笑)。大学の先生の前で申し訳ないですが(笑)。なんか期待していたものと違って、少しもワクワクしないんですよ。

松村 いや、私がその授業やったわけじゃないんで(笑)。覚えていますか? その時の授業の風景だとか、先生が何を言っていたのかとか。

河野 先生が何をしゃべっていたか覚えてないんですが、授業の本筋とは違うところで言われた、「こないだこういう本を読んだんだけどおもしろかった」とか、そういう話は妙に残ってるんですよ。その先生が体験したこととか、授業の脈絡とは関係ない話とか、それはよく覚えているんですね。その先生が言った本は、すぐさま生協で注文して読んだりしました。授業の点数にはつながらないんだけど。

松村 覚えていますか、その本？

河野 ええ、覚えてますよ。たとえば、澤地久枝さんの『妻たちの二・二六事件』とか。東洋史の時間ですから、授業とはまったく関係ないんですけど、先生が言うんです。澤地久枝さんという人が二・二六事件の当事者の遺された奥さんたちに取材して書いたもので、この本を読むと事件の見え方が違ってくる、と。そういうことが時々ありました。ただ、授業そのものがおもしろいかというと、全体としてはなんか退屈なんですね。こんなんだったら、自分で本を読んで、学校の授業に出る必要ないんじゃないかと思ったところで……。

松村 すぱっと大学に行かなくなった、と。

河野 当たり！　です。私は右か左か割とはっきりさせるところがあって、親にもすぐに伝えました。「入学して一年目、いろいろ思うところがあるので大学には行かない。サッカーもつまずいたし、授業もあんまりおもしろくないんで」と。それで、休学しようと決めたんですね。下宿にこもって、それからひたすら本を読むという生活をしました。で、その後も生活の基本的なパターンは変わらずに、大学の授業には行かないで、下宿で本を読んでいる時間が中心でした。文学部志望だったので、勉強はべつに学校に行って教わる必要はない、自分でできるんだと思って。大学にはときどき様子を見に行くくらいで。

松村　私も学生によく言います。授業がつまらないなら、図書館で本でも読んでいるほうがよっぽどましだ、と。なにが自分のためになるのか、大学では自分で考えて学ぶべきことを選ばないとだめですよね。受け身で授業を受けていても、得るものは少ない。河野さん、ご専門はロシア文学ですよね?

河野　私が大学に入ったのは一九七二年なんですが、ちょうど七〇年を境に全国で燃えさかった大学紛争がピークアウトしていきます。私たちは「しらけ世代」と呼ばれます。Wikipediaによれば、「日本の学生運動が下火になった時期に成人を迎えた、政治的無関心が広まった世代」とあり、「世相などに関心が薄く、何においても熱くなりきれずに興が冷めた傍観者のように振る舞う世代」だそうです。

ともかくロシア文学なんてそもそもやる人間が少ない上に、わざわざこの時期にやろうというのは、きっと変わったやつらに違いないという期待があって。

松村 あえて流行っていない、人が少なそうなところに行った、と。

河野 「ロシア手帖の会」というのが学外にあって、ロシア文学の名だたる研究者が中心メンバーで、そこに大学一年のときに参加しました。そこがすごくおもしろかった。大人の集まりだし、いろんな大学の人たちがいて、もちろん私よりはるかにロシア文学をたくさん読んでいるわけです。その中で割と年が近くて（五歳違い）面倒をよく見てくれたのが、当時東京外国語大学にいた亀山郁夫さん。ドストエフスキーの新訳を出して、光文社古典新訳文庫の『カラマーゾフの兄弟』はベストセラーにもなりました。で、そういう亀山さんなんかと、一八、一九の頃に出会ったり、後に同時通訳、エッセイストとして活躍する米原万里さんも、外語大を出た後、東大の大学院に入ってきます。期待したとおりおもしろい人たちが周りに現れる。そんなこんなの青春期の読書なんですね。

松村 そういう多様な人が集う場こそ、大学らしいですね。自分も学部生や大学院生のころ、授業とは関係なく、自分たちでよく読書会をやったり、勉強会をやったりしていました。学部とか学年とか関係なく人が集まって、時間も気にせずいろんな人と議論をする体験は、ほんとうに貴重でした。いまの学生は、授業だけでなく、バイトやサークルとかも忙しいので、そんな学びの場が教室の外にあるようには見えないんですね。でも、大学のスペースはそういう学ぶための集いの場として活用すべきで、授業がたんたんと行なわれるだけでは深い学びは生まれない。河野さんはロシア文学にのめりこんだ時には、その先に自分は作家になるとか、文学の研究者になるとか、どういう将来像があったんですか？

河野　将来像というのは、あまりなかったですね。何も考えてなかったです。本を読み、学外の人たちをまじえた雑誌を作り、酒を飲み、好きなことをやっていました。ま、なんとかなるさ、と思っていました。ロシア文学科の卒業生も、実際なんとかなっていたんです、そこそこに（笑）。だから好きな本を読み続けることが、そのとき考えていた将来像です。編集者になろうっていうのは、ある時、たまたま読んだコラムがきっかけでした。筆者が、当時の「中央公論」編集長の粕《かす》谷一希《やかずき》さんで、これにとても刺激されました。彼の知的関心の幅の広さや、編集者として日常接している顔ぶれの凄さに圧倒されました。「中央公論」という雑誌を意識しはじめたのもその頃です。

「しらけ世代」といわれながらも、もともと総合雑誌的な視点には関心がありました。大学紛争で休眠状態になっていた「文学研究会」を復活させたり、同人誌を作っていたのも、七〇年代の自分たちなりの時代精神をなんとかつかみたいという思いがあったからです。ジャーナリズムが時代の現象、事象を追うものだとすれば、その背景となる文脈や意味をもう少し深く考察する総合雑誌的なアプローチは、魅力的だし、自分に向いていると感じていました。歴史や哲学といったジャンルです。また、当時は気鋭の文化人類学者である山口昌男さんが「中央公論」に精力的に書いてました。とても挑発的で、おもしろい力作が続いていました。編集者っていうのは、どうやらそういう勉強を続けたり、刺激的な人と付き合うことが仕事になるらしい。これは一石二鳥というか、こんなおいしい仕事はないなと思い、それで出版社を志願しました。

仲間とともに学ぶ

松村　話が少し戻るんですけども、大学時代、ひたすらこもって本を読んでいた時間は、今ふりかえるとどんな時間だったと思いますか？　みんなで読むわけではないですよね、読書って。ひとりで黙々と……。

河野　社会生活ゼロだったかというと、そういうわけではありません。たまには大学に行くわけです。私は最初、通学に比較的便利な場所に下宿してたんですが、どんどん本が増えていくわけです（笑）。それで広い場所を求めて二三区内を離れます。中央線特快で御茶ノ水から乗ると小一時間ぐらいかかる八王子！　に引っ越すんですね。ものすごい広い部屋を、格安の値段で借りられたんですが、なにしろ遠い（笑）。

松村　大学、行きたくなくなりますね。

河野　ますます学校が縁遠くなります。スペースの心配がなくなったので、本はどんどん買えますが、あいつは八王子に隠棲したと大学の仲間には思われました。吉田兼好じゃないけど、「世捨て人になって、徒然なるままに学校に来る」と（笑）。

松村　徹底してますね。

河野　だから、ロシア文学科に、四月に進んでるわけですけど、私は連休明けまで行ってない。それではじめて口文の教室を訪ねていったら、助手の人が「ああ、君があの……」と絶句して（笑）。それで「これから木村先生の授業があるよ」って言われて、「そうですか、ついでだから、ちょっとのぞいてきます」って。木村彰一先生って、日本を代表する碩学なんですね。立派な先生なんですけど、私はついでのつもりで、ふらっと教室に入ったんですよ。そうしたら、先生がひとりで座っておられて、「あの、口文に進学した河野です」って言ったら、また同じセリフ。「ああ、君が河野君か。初めまして」って（笑）。信じられないでしょ？

松村　えっ、ほかに学生いないんですか？

河野　いや、びっくりしました。それで先生とよもやま話をして、「いつも何してるんですか」って聞かれたので、「下宿で本を読んでいます」と言ったら、「ああそれじゃ、学校なんか来なくていいですよ。それを続けなさい」と言ってくださったんですね。で、「わかりました、ありがとうございます」と（笑）。

松村　せっかく大学に行ったのに、先生から来なくていいと言われちゃう（笑）。でも、大学って、本来はまじめに授業に出て、何かを与えてもらう場ではないですよね。いまは、そういう雰囲気はなくなってしまいましたが。たんに「もう時代が違う」と切り捨てられない重要なエッセンスがそこにあると思うんですよ。若い時代の貴重な時間を何に使うか、それぞれが自分で真剣に考えて行動できる自由な時間が大学には必要です。たぶんいまの学生は、そんな大学の姿を知らないと思うんですよね。でも本来、誰かに与えられるまで教室に座って待っているだけでは学びは生まれないわけで。先生が「授業に来なくていい」というのは、べつに遊んでいていい、というわけではなく、自分でしっかり道を見極めて何かに打ち込んでいるなら、そのほうがよっぽどいい時間の使い方だ、という意味ですよね。河野さんは、授業に出る以外に大学に行く理由もあったんですよね？

河野 ロ文の自由な空気と、基本的にはそういう話ができる先生や友だちに恵まれたので、ときどきは行っていました。やっぱり人恋しくなるので。そうすると、最初に迎えてくれた助手の人が、私が来るといろんな連中に声をかけて、研究室で鍋をやってくれるんですよ。ありがたいですよね。それから私は鍋を期待して大学に行くんです(笑)。ときどきそこにお酒を持って行くと、鍋を囲んで酒盛りになるんです。それを期待してみんな集まる。私は八王子からごはんを食べに行くようなものですけど、そこで読んだ本の話をしたりとか、みんなから授業の様子を聞いたり、それが大学でしたね。

松村　しょっちゅう会うわけじゃないけど、仲間という意識はあったんですね。

河野　それはものすごくありました。

松村　おもしろいですね。授業じゃなくて、仲間と語り合う時間が中心にある大学生活。本を読むって孤独な作業のようでいて、たぶんそれだけだと深まっていかない。それについて語り合い、議論する仲間がいるって、それこそ大学のゼミの場ですよね。そこに先生がいるかどうかは、じつはあまり関係ない。

いまの大学生は、授業は出るけど、その授業の場だけでは、そうやって仲間と語り合ったり、何かを一緒にやったりする雰囲気にはならないんですね。河野さんたちと真逆というか。本当の学びは、授業で教えられたことを覚えたり、ノートに書くというよりも、自分で学び、それをちゃんと自分で言葉にして仲間と語り合って議論をして深めること。本来は、少人数のゼミがそんな場になるはずなんですが、いまは数ある授業のひとつ、という感じになってしまっている。鍋を囲む場は、時間無制限ですよね。チャイムが鳴ったら、はい終わり、って感じでなく、延々、語り合う。その主体的な学び合いの場のほうが本質を突いている気がします。授業で話を聞くだけでは定着せず残らない。もしかしたら、いまの大学生は、あまり本質的じゃないところに一生懸命になって、忙しくしているのかもしれない。そこで大切なのは、やっぱり一緒に学ぶ仲間ですよね。

河野　人が集まると、お互いなんとなく親しくなっていって、そこからおもしろい動きが生まれたり、自分の中に新しい発想が宿ったりとか、それが大切だと思います。知識だけを得るんだったら、どんな手段でもあるわけで、やっぱりその知識を埋蔵している人に会うことが重要。知識はその人の一部だけれども、人がその知識をどうやって手にしたかとか、人がその知識についてどう語るかとか、付随する情報やその人の感性や、いろんなものが吸収できるわけですよね。

人と出会いに行く

松村　大学は人に出会いに行く場だと。たしかに知識って、人間と切り離されて存在しているわけじゃない。互いに生活している人間であることときちんと向き合いながら知識を身につける。深いですねぇ。

それは私自身の経験とも重なります。学部三年を終えて一年休学して、エチオピアに友人二人と行ったんですが、そのうち一人は、修士を終えたあと世界思想社という京都の出版社に就職して編集者になりました。彼自身もエチオピアの都市に住み込んで、人類学の修士論文を書いています。博論をもとにした私の最初の単著『所有と分配の人類学』の担当編集者が、彼なんです。編著書の『文化人類学の思考法』も、彼に担当してもらいました。お互いのことをよく知っているだけでなくて、エチオピアのことや人類学のことに通じているので安心して任せられるし、互いに言いたいことを何でも言える。書き手と編集者の関係としては理想的ですよね。『うしろめたさの人類学』を担当してくれたミシマ社の三島邦弘さんも、大学時代に入っていたヨットサークルで出会って、一番仲のよかった親友です。大学時代の出会いが、いまの自分をつくっているし、社会に出てやる仕事って、つくづく人との関係が重要だなと思うんですね。それで互いに互いを高め合っていくというか。

河野　私も、基本は人だと思います。大学紛争の時も、めざしたのはより人間的な出会いの場としての大学だったはず。でも、結局それが達成されないまま、いまに至っているのかなと。あの頃も、大学の先生が十年一日のようにノートを読み上げて、学生たちとの関係が疎遠になっていると言われました。象牙の塔だとか、知識が生きた知識として伝授されてないんじゃないかっていうのが、学生たちがいちばん大きな問題として突き付けたことでした。マスプロ教育ってことがよく言われたんですけど、学生をとにかくたくさん生み出して、社会に送り込むような、ただの装置になっていないか？　というのが、あの時の本質的な問いだったように思います。いまかたちを変えて、少子化の時代かもしれないけど、大学が知識を伝える狭い意味での工場というか、コンビニになっていないか？　という気がします。こんな話を松村さんにできるのは、安心してしゃべれる相手だから(笑)。そんなものだと大学を考えている人には、こういう話は通じません。

松村　問題意識として、やっぱり考えさせられますよね、いまの大学のあり方を。それが、学生運動のときからずっと問われてきた、というのは重いですね。結局、いまも「大学改革」のなかで、大学で教えられる「知識」を新しくしようとはしていても、じゃあ、それをどうあらたな時代のなかで教えたり、学んだりしていけばいいか、ということがよく突き詰めて考えられていないように思います。たぶんどんな知識を教えるかよりも、その知識をどう深めていけるか、その学びを生む場をどうつくれるか、それがこれからの大学を考える基本なわけですよね。河野さんが大学で経験されてきたことは、いまの大学を考えるときにも、ひとつの手がかりになると思うんです。私の研究室も、やっぱり鍋だったんですよ。

河野 へぇ、そうなんですか。

松村 先生の部屋で鍋やっていました。研究室に大きな冷蔵庫があって、夕方、酒屋さんが配達に来るんですよ。本屋さんじゃなくて、酒屋さんが研究室に出入りしていました。大学の先生って、偉い人で遠い存在なのかと思っていたら、初日から一緒に飲んで。酔っ払って、お前は何を考えているんだ、そんなんじゃだめだと、正面から問われたりして。あの晩のことは妙に覚えています。大学っておもしろい場所だな、とつくづく思いました。そうやって研究室に学部生のときから出入りしていると、そこで大学院の先輩とも会うし、鍋を囲んで時間の制限なくいろんな話を聞いたり、話したりするわけですよね。授業を一方的に聞くだけではないコミュニケーションが生まれていた。あれこそ学問的な対話の時間だったなと思います。

古典を学ぶ学校

松村　次に「ほぼ日の学校」について伺いたいと思います。河野さんは二〇一七年四月に「ほぼ日」に入られて、「ほぼ日の学校」の初代学校長に就任されました。この学校のコンセプトがホームページにあります。「古典が足りない、と思っていました。こころや、からだや、きもちの隙間に、あるいは、生活や、世の中ぜんたいに。渇いたのどをうるおすように、古典という水をごくごくのみほしたい。なにしろ、古典という水はこの世界にたっぷり埋蔵されているのですから！　古典を学ぶ、ほぼ日の学校、はじまります。」こんなすてきな宣言で学校がつくられたんですね。この「古典という水をごくごくのみほしたい」というコンセプトに込められた思いもお聞きしたいのですが、まず、「ほぼ日の学校」がつくられた経緯を教えていただけますか？

河野　「ほぼ日」は、二〇一六年一二月に、社名を「株式会社東京糸井重里事務所」から「株式会社ほぼ日」に変更して、二〇一七年の三月に東京証券取引所ジャスダック市場に上場します。上場した以上、会社の動向や成長戦略が注視されるわけですが、その新規事業のひとつとして「ほぼ日の学校」を立ち上げることになりました。私は二〇一七年三月まで新潮社で「考える人」という雑誌の編集長をやっていましたが、創刊から一五年、六〇号を出したところで、会社がここで一区切りつけたいと言い出します。そこで、最終号を出し終えた時点で会社を辞めることにしました。三月末に辞めるということに決めたら、即、糸井さんから「いよいよ学校を始めたい、ついては学校の責任者としてやってもらえないか」と声をかけていただきます。そこで、会社を辞めた半月後に「ほぼ日」に入ります。二〇一八年一月に学校をたちあげるのですが、その準備が八ヶ月間。だいたい、そういう流れです。

松村　それがなぜ古典を学ぶ学校になったんでしょうか?

河野　それは、糸井さんの発想です。糸井さんはコピーライターとして、私が出版界に入ったときは超売れっ子で、飛ぶ鳥を落とす勢いで活躍していました。それからしばらくして、「ほぼ日刊イトイ新聞」という、インターネットをつかった新しいメディアをたちあげます。その頃から糸井さんと親しく付き合うようになります。糸井さんは「ほぼ日刊イトイ新聞」をやりながら、世の中のおもしろい人たち、学者もいれば芸能人、アーティストもいて、本当に幅広い人たちと交流するわけですが、ある時糸井さんが「自分はクリエイターとして新しいコンテンツを生み出す仕事をしてきたけれども、コンテンツは別に、前を見て先を考えていうところだけで生まれてくるものではない。先を考えていくにせよ、新しさを追求するにせよ、何を自分が養分にしていくのかを考えたときに、何か足りないものがあるんじゃないかなと思った」と言うのです。

糸井さんが親しくしていた一人が吉本隆明さんです。今は吉本ばななさんのお父さんといった方がわかりやすいのかもしれませんが、評論・思想の世界で戦後の日本を代表する方です。その吉本さんらとの交流のなかで、糸井さんが自分には古典の素養が足りないと強く感じた、と言うんですね。日本人とは何か、を考えるにしても、たとえば『万葉集』とか、日本人の心のふるさとになるようなものをしっかりと自分が読んだり、肥やしにした経験が決定的に不足しているな、と思ったらしいのです。そこで、上場後の会社の新しい事業を考えていくときに、古典を学ぶ場所をつくりたいと思いはじめたそうです。糸井さん自身が学び直したいということでもあったのです。

インタビューに糸井さんはこう答えています。「古典はいわば、地球上に存在する資源のようなもので、巨大な埋蔵量を持つ知の資源です。これを楽しく、自由に使えるようにする学校をつくりたいと思ったんです。／それと、古典はぼくが若いときにサボってきた部分なので、個人的に、いまさらでも知りたいんだと思います。たとえ切れっ端みたいなものでも、すごくおもしろい要素がありますから」。そして、なぜ「学校」にしたのかと問われると、「じぶんひとりで古典を勉強してもいいけれど、じぶんたちが主催したほうがもっと勉強できると思ったんです。いままでのような方法ではなく、学ぶ時間に浸れるような楽しみ方で、うちができないかと考えました」（『すいません、ほぼ日の経営。』日経BP社）。

糸井さんは、そのとき相談相手として、私をイメージしていたとおっしゃっていました。ですから、糸井さんが「学校」という器を用意してそこに招いてもらったというのが、ことの経緯です。

松村　さきほどの話にあったように、人との出会いのなかで、それぞれの思いがつながって仕事が生まれ、あたらしい場が生まれていくという感じですね。それぞれの講座は一五〇分の一四回コースです。大学は九〇分の一五回で授業をやることが多いので、だいたい大学のひとつのタームを、もう少しひろげた感じですよね。すごく多彩な講師陣です。「シェイクスピア講座２０１８」では、学者も俳優も新聞記者も翻訳家も演出家もいます。英文学の先生だけがシェイクスピアを語るわけではなくて、いろんな方が教壇に立つことになっています。第一回の講座、どのくらい応募がきたんでしょうか？　抽選もあったんですよね。

河野　約一〇〇人の枠に対して三百数十人の応募でした。三倍ちょっとですね。

松村　授業料もけっこうかかります。そうとう覚悟を決めて、本当に学びたい人が三〇〇人集まったということですね。それは、率直に言ってすごいことですよね、いまの時代にシェイクスピアを高いお金を払ってでも学びたいという人が集まるというのは。大学でシェイクスピアなんて教える必要がないという話がもちあがったことがありました。二〇一四年の文科省の「実践的な職業教育を行う新たな高等教育機関の制度化に関する有識者会議」で、文学や英文学の授業では、シェイクスピアや文学概論ではなく、観光業で必要となる英会話能力や、地元の歴史文化を説明する力をつけるべきだと、有識者の委員の一人が言ったんです。このことは意識されましたか？

河野　糸井さんはあまり意識していなかったみたいなんですが、私は強烈に意識していました。なんとありがたい、そして馬鹿なことを言ってくれる人がいるのかと（笑）。こういう〝非常識〟が世の中にまかりとおらないよう、「ほぼ日の学校」は別のことをやろうと、かえってモチベーションがあがりました。

松村　私が「シェイクスピア講座」をされると聞いたとき、これはひとつのメッセージだと思いました。世の中にむけて「いまほんとうに必要なものはシェイクスピアだ、こっちのほうが大事なんだ」と言っているようで。ただ、かつての大学の授業そのままに、古典をただ淡々と講義すればいいということではないですよね。そうそうたる講師がいて、大学では用意できない講義内容です。講師の選定やお願いは学校長である河野さんがされたんですか？

河野　はい、完全に私に任されました。なので、大学やカルチャーセンターなどのシェイクスピア講座とも違い、いまを生きている我々が、そこから生きるエネルギーを得られる場、つまり「こんなにおもしろいんだ」という感動を共有できる、そういうシェイクスピアの教室をつくりたいと思いました。シェイクスピアは四〇〇年前の人ですけれど、いまなお世界中でいろいろな形で芝居が上演されています。演出も変われば、時代々で人気のある演目も変わっています。言ってみれば、シェイクスピアというのは、いまの人がこういうふうに演出したらおもしろい、という「現代化」に耐えられる、懐の深い古典だと思うんですね。

松村　受講者はどんな年齢層で、どういうことを求めているのですか？

河野　中心は四〇代後半や五〇代の現役世代ですね。会社勤めの方も帰りに駆けつけてきます。申し込みのときに、なぜ応募したかを皆さんに手短に書いてもらいました。相当量の文章を書いてこられた方もいました。応募者は、高校生から、「リタイヤしたので、ずっと読みたかったシェイクスピアを学びたい」という方まで、年齢はさまざまです。また、「大学のときに勉強したけれどもう一度ちゃんとやりたい」という人もいれば、「シェイクスピアはひとつも読んだことがないけれど、『ほぼ日』がやるのだからおもしろいに違いない」と、「ほぼ日」に期待したゼロ・スタートの方もいます。抽選で選びましたので、相当ばらつきがあります。

松村　その多様な受講生にどんなことを提供しようと考えたのでしょうか？

河野　学校といったとき、嫌な思い出がよみがえる人と、楽しい思い出を呼び起こす人とに分かれますね。なるべく「ほぼ日の学校」は楽しさを最大化しようと思ってきました。嫌な思い出は、その嫌だった理由を考えて、それを楽しいものにかえられないか、と。一五〇分の授業は、九〇分の授業と六〇分の放課後という割合で、放課後を充実させようと考えました。実際は、授業そのものがおもしろいので、ほとんどは一五〇分をフルに使った授業になっています。楽しいことは何かといえば、遠足とか修学旅行とかですよね。ですから、みんなでシェイクスピアの芝居を観に行ったり、「万葉集講座」では奈良方面への修学旅行も敢行しました。宿題も、おもしろい宿題はどんどん出します。

松村　放課後や修学旅行が大事って、おもしろい。やっぱり、ただ一方的に話しを聞くだけではなくて、みんなで語り合ったり、熟成する時間がどうしても必要なんですよね。私のいる岡山大学文学部では、数年前に人文学インタラクティブ講義という授業枠をつくって、専門科目の講義を受講したあとに、学生が自分たちで議論を深める時間を設けたんですね。講義の履修者全員ではないんですが、少人数でみっちり議論する。これがけっこう学生に評判がいいですし、こちらも学生の学びや問題意識が深まっていく感じが手にとるようにわかるんです。まさに放課後に自主ゼミをするような感じです。ほんとうは、自分たちで勉強会をやるほうがいいんでしょうけど、いまの学生は放っておいてもそんな雰囲気にならないので、授業の枠内にそういう放課後的な時間を設けたんです。

「ほぼ日の学校」の宿題は、どういうものなんですか？

河野　いろいろあるんですけれど。シェイクスピアだったら、一緒に観た芝居の劇評を書いてもらったり、『マクベス』の有名なセリフを自分で新たに訳してもらったり。『万葉集』なら、実際に歌を詠んでもらいます。みんな、いつの間にかできるようになるから驚きます。宿題ではありませんが、毎回メールで詳しい感想が届きます。書いたら何かがのこります。ここで勉強したという確かな実感が生まれます。それもおもしろさになります。

松村　うらやましいです。どこか、先ほど伺った河野さんの大学時代の風景につながるものを感じます。いま私が大学の授業で課題を出すと、嫌だなあという顔をして、単位をもらうために仕方ないから提出するという感じの学生もいます。学びに対する姿勢の違いはどこから来るんでしょうかね。

河野　そうですね。そもそも自分に古典の素養が足りていないのでは、という糸井さんの思いは、多くの人が共有しています。さっき「観光業で役に立つ英会話を大学の英文科で教えたらいい」という声があるとおっしゃっていましたよね。これをやればすぐに役に立つとか、お金が儲かるとか、資格がとれるとか、そっちばかりに世の中が流れています。でも、それだけで人の心が充たされるとは思えません。そうではない部分に一人ひとりの生きがいや喜びがあると思うんです。一〇〇円出したらこれが返ってくるというのではなく、おみくじみたいに何が返ってくるかわからない楽しさってありますよね。そういう予想できない楽しさに対する人間の欲望は消えていないと思います。こちらも一〇〇円もらったから一〇〇円の授業をやったらいいとは思っていません。違う気持ちの交換をやりたいなと。

役に立つ「学び」とは何なのか？

松村　役に立つとか、単位のために学ぶという姿勢ではなく、学びそのものをいかに楽しめるか、その姿勢の違いですかね。同じ文科省の会議で、経済・経営学部では、経済理論よりも、会計ソフトの勉強をしたほうがいいと提言されています。

でも、いま汎用性のあるソフトもいつまで使われるかはわからない。たしかにそのソフトが使われている職業ではいいかもしれないけれど、そもそも学生がその職業に就くかもわからない。それなのに特定の会計ソフトの勉強をすべきだなんて、学生の人生や学びの意味について、ほとんど考えていない気がします。

河野　そういう会計管理のような仕事はそのうちＡＩ（人工知能）が全部やってくれるようになるかもしれません。そんななかで、人間にとって何が重要な学びになるかといったら、機能で置き換えられない別のアイディア、発想でしょう。人と向き合ったときに相手を「わかる」感受性とか想像力とか、そういう部分が残っていくと思います。人間力というか人間理解とかいうものを考えたとき、糸井さんの「古典からいろいろなことを学ぶことがこれからもっと大事になっていくんじゃないか」という目の付け所は、ものすごく的確だと思います。

松村　河野さんは、広い意味で人文学なり古典なりいろいろな本を読んでこられてきたと思いますが、「これを読んだらこの仕事ができる」というような、目に見えやすい「役に立つ」ためのものではなかったと思います。もちろん、編集という仕事と直接結びつく面もあるかもしれませんが。さまざまな職場やお仕事を振りかえって、古典などの本を読むということ、人文学にふれることがどういうふうに人生に関わってきたとお考えですか？

河野　さきほどお話ししたように、先生が何を言ったかという「情報」の部分はほとんど洗ったように忘れていますね。だけど先生の人となりとか、語り口とか、熱量とか、授業以外でふともらした人柄がにじむ言葉などはものすごく印象に残っています。でも、そのどうでもよいこと、役に立ちそうもない無駄だと思えることが、自分の人格のある部分を作っている気がします。何かちょっと日常とはちがうことに出くわした拍子に、そのどうでもよかったようなことがよみがえってきます。ああ、勉強するとか熱狂するってこういうことなんだと。先生との関係だけではなく、友達とのことであったり、そういう思いがけない刺激が心に残っています。学問には、法律とか経済とか実用的なスキルに直結しているものと、人文という、幅広くて何が目的だかはっきりしない、いまの世の中にはあってもなくてもいいんじゃないかと思われるものがあります。法律や経済の、その時代その時代で最適だと思われるスキルが通用しなくなったり、時代の枠組みが変わったりするときに、人文学というものが大切になる。つまり人間が脈々と考え、どうやって生きてきたか、どういうことを大切にしながら人間社会は営まれてきたのかといった知の蓄積が、重要になってくると思うんですね。人間の思考の自由さは、そういった学びに支えられている気がします。

松村　文科省の会議のこと、何度も持ち出して申し訳ないんですけれど、工学の分野では、機械力学や流体力学などの理論ではなく、トヨタで使われる最新鋭の工作機械の使い方を習いましょう、とあります。でも「最新鋭の機械」って、学生が四年後に卒業するころにはもう最新鋭ではなくなっていますよね。きっとそこで必要になるのは、その場でまた最新の機械が導入されたときに、どうやったらよりよく使えるかとか、こうやったらもっとよくなるんじゃないか、どういう仕組みやチームを使えばうまくその作業が効率的にいくだろうかとか考えて、変化に適応する能力だと思うんです。つまり目先の役に立ちそうな機械の使い方ではなくて、それを支える環境を自分たちの手でつくりだす、知的な体力・姿勢が必要になってくる。それって、人文学の知のあり方と通じていると思うんです。

河野　技術の開発ストーリーが「プロジェクトX」みたいなわかりやすい番組で紹介されていますが、おもしろいのはブレークスルーが生まれるきっかけですよね。

技術者だったら、家で子供が話しているのを聞いて「あれ？」と思ってひらめくとか。最近、アイディア商品の女性開発者の例を聞いていると、自分が消費者だったらこういうものが欲しいなあ、こういうのがあったら便利なのに、という発想でものを作っていますね。「いまここにある」発想や流れのなかで出てきているのではなく、むしろ「ここにない」部分からヒントを得ています。大事なことは、そういったヒントや「気づき」に接したときに、それを鋭くキャッチするセンスでしょう。それを持っている人は「これだ！」とひらめいて、そこから新しい世界を切り開くことができる。そういうところに人文学の強み、目に見えない大きな力があると私は思います。

「働く」につながる力

松村 河野さんはいくつかの職場を経験されて、さまざまな分野の人と関わっていらっしゃいます。社会で働くときに大事な能力って、どんなことだったと振り返って思われますか？

河野 いまの大学生は就活に一生懸命になりますが、あんなに気の毒で残酷なシステムはないって思います。企業は企業で目的がありますから、そこに役に立つ、言ってみれば「戦士」を集めるわけですよね。この人は戦えるかどうかという基準で集める。だから、志願者はみんなリクルートスーツを着て、自分を戦士に仕立てるわけですよね。だけど、戦士というのは人間の可能性のある一部でしかない。私は採用する側に回ったこともあります。出版社は人文的な職場なので、いわゆるメーカーでいう即戦力とはちがう即戦力の考え方をとります。しかし、そういう出版業界でも、ヒットする本をすぐさま作れそうな編集者を求めるようになりました。けれども、現にある市場にフィットした人は、必ず五、六年のうちに壁にぶつかって、スランプに陥ったり、悩んだりします。壁を越えていける人もいますが、そこで挫折する人もいます。壁を越えるタフネスを持っていることが、長い目で見たら重要なんですよね。

だから、これから就職しようという人は、就職人気ランキングに従ったり、給料の多寡で決めたりするのはやめたほうがいいと思います。だいたいその時の人気ランキングナンバーワンの企業・業界なんて、三〇年後にはピークアウトしていいます。企業はたいがい何十年もたつと人がダブついてきたり、業態を転換しなくてはいけなくなります。そういうなかで生き残るには、ハートの強さ、感受性の豊かさ、頭の柔軟性が必要になる。人に好かれる、頼りにされるリーダシップって、地位がもたらすものではないでしょう。肩書きとは別に、人の中心になれる、人を束ねられる、リーダーになりうる人というのが必ずいます。それは単純に戦士としての能力だけではない、別の要素だと思うのです。そういう広い意味での人間力がとても大事になってきますね。

松村 先ほど、これはなんだろう？ という言葉をキャッチできる力が必要だとおっしゃっていました。「テストに出るから、役に立つから、一生懸命やろう」というのだと、人生にとって大事なボールをいっぱい落としているかもしれない。ただ与えられるボールを受けとっているだけなので、自分で感じとっているものに蓋をしている。アクティブ・ラーニングとかって、人前で上手にプレゼンしたり自分の意見を堂々と言えたりすることが重視されているイメージがありますが、じつは自分にとって未知のことや学びの芽のようなものをいかにキャッチできるか、その感受性の方が大事なんです。それが仲間とともに対話をとおして学ぶことの意味だし、表向きの「役に立つ」とはちょっと違う感覚が人間力につながる。

人文学という一見役に立たなそうなもののなかにもそういう学びの要素が散りばめられています。もちろんシェイクスピアのなかにそれがあり、その芝居を作ろうとしている人たちの営みのなかにもそれがある。

ガッコウというメディア

松村　出版社と「ほぼ日」という会社は、だいぶ形態も違いますし、学校って、まったくあたらしい職場だと思うのですが、出版社で編集のお仕事をされてきたことと、学校でやろうとされていること、どう河野さんのなかでつなげていますか？

河野　その点については、ほとんど違いを感じていません。私は、学校というメディアをつくっているという意識でいます。そこに人が集まる。そうすると、何かが生まれる。学校といっても、こういうものが学校である、といった既存の型にこだわるつもりはありません。そこにあたらしい何かを加えたいと思っています。だから、学校というメディアをつくり、外にいる講師や応援団を招いてきて、受講生という参加者をつのり、そこから何かの動きを生み出していく。つまり、編集長と同じような仕事だと思うんですね。自分は編集作業をずっと続けているんだと思っています。

松村　学校がメディアである。そのメッセージは新鮮ですね。大学にいると、自分たちがメディアである、という意識はありません。たしかに、大学の研究も、いろんな人のアイディアを集め、共同しながら進めていきますし、教育も、たくさん人があつまる教室に、教員自身がこれまで書かれたいろんなことや、古今東西の知識をもちよって、何かあらたな知が生まれる媒介の場にしていくわけですね。「ほぼ日の学校」の講座がはじまって、一年以上がたちました。これまで四つの講座を開講されて、おそらく最初に想定していたのとは違う展開だったり、発見があったりしたと思うのですが、これまでを振り返って、どんなことが見えてきたでしょうか？

河野　「ほぼ日の学校」を二〇一八年の一月からスタートさせ、シェイクスピア、歌舞伎、『万葉集』、ダーウィンをテーマに授業をやってきました。授業の様子をオンライン・クラスの映像などでご覧いただくと、みなさん驚きます。受講生がみんなにこにこと楽しそうに聞いているんです。大学とえらい違いでしょ？　修学旅行も行きました。「万葉集講座」では、奈良に旅行しました。奈良旅行というと、興福寺や法隆寺をめぐるお決まりのツアーになりがちですが、それはやらない（笑）。藤原京跡や飛鳥宮跡に行って、万葉学者の上野誠さんに丁寧で、おもしろい現地解説をしていただく。行ってもただの原っぱなのですが、上野さんの話を聞いていると、いにしえの万葉人や百済から来た人がそこに都を興そうとした情景が浮かんできました。途端に目の前の景色が変わるんです。

シェイクスピアの講義も、座学だけではありません。講師陣に東大でシェイクスピアを教えている河合祥一郎さんがいて、本格的な講義をやってくれるわけですが、一方的に講師が話すのではなく生徒が一緒に参加してもらう形にしました。例えばシェイクスピアの音楽をテーマにしたときは、実際にシェイクスピア時代に使われていた古楽器を使って演奏会をやった。「シェイクスピアの音楽会」と題して、東京・赤坂の草月ホールに一般のお客様も呼んで、一つのイベントに仕立てました。

常に心がけているのはありきたりの授業とは違う部分をつくることです。元雑誌編集者らしく、とびきり斬新なシェイクスピア特集をやれないか、といった気持ちがあります。手法は驚くほど似ています。違いがあるとすれば、最終形が活字ではなくて、ライブだということ。みんなに参加してもらい、そこに肉体が介在するところです。身体性の快楽を味わってもらうところです。先生の肉声がちゃんと心に響くような形でどう届けられるか。それに応じて受講生がどういうふうに身体をつかって参加できるか。シェイクスピアの講座では、実際に『夏の夜の夢』の縮小版をみんなで演じて卒業制作にしました。

松村　参加型の要素は毎回いろんな形で？

河野　毎回何らかの形で、講師の方にもお願いしています。何か双方向にすることを考えますね。クイズ形式にするとか。

松村　ダーウィンの講座ではどうやって参加型に？

河野　ダーウィンでもできなくないんですよ。『種の起源』のなかにすてきなフレーズがあるんですよね、決めぜりふが。それを声に出して読むだけで、なるほどなあと腑に落ちる。あるいはちょっとした何かを書いてもらう。系統樹をテーマにしたとき、「あなたにとっての系統樹はなんですか？」と問い、答えを考えてもらいます。受講生の一人が野球チームのユニフォームの系統樹をつくるアイディアを出しました。ニューヨーク・ヤンキース柄がどうなってこうなって、縦縞はどこからどうなって……っていう話。そういう楽しい話でいいから、みんなで考えてみましょうと。ある受講生は「私は看護師です。病院では、内科、外科といったこれまでの分け方からちょっと違う分類になってきている」と話してくれました。おもしろいですよね。分けることと、つなげること、といった系統樹の考え方の基本をそれぞれに応用して考えてもらいました。

松村　なるほど。参加型といっても、たんに参加者が話す時間をつくれば学びが深まるともいえないですよね。感想をいうだけではなく、もっと参加の仕組みがあったほうがいい。系統樹の例はおもしろいですね。手を動かしたり声に出したりするという作業が入ってくる。参加のかたちを工夫されていますよね。

河野　基本はとにかく感じたことを声に出すことですよ。「万葉集講座」の場合、声に出して歌を詠みましょう、自分でも歌をつくりましょうという課題から、いろんなことが生まれています。つくった歌を一つ一つ批評してくれたのは俵万智さんですが、受講生にとっては歌をつくることからすべてがはじまります。歌をつくれば、みんなの前で詠み上げることになる。一人で楽しむのではなくて講評されるわけですね。それを受けて、「次はどうしようか」、「うまくいかなかったかもしれないな。どうすればよかったかな」と考え、新しい展開につながる。歌なんてつくったこともなかった、夢にも思わなかった人が、一歩踏み出す。歌をつくることによって、日々の過ごし方が変わってくる。

松村 シェイクスピアにしても、関連するいろんな知識を得ることが重要なのではなくて、やったことのないことに参加してみると、「私、けっこうせりふがうまく言えるかもしれない」とか、気づきがあったり、自分の中でなんらかの変化が生まれたりする。そこで学んでいることは、知識ではない。何か別の種類のものを学んでいる気がします。

いまとは違う自分になる

河野 最初、シェイクスピアをやるときに、「これまでシェイクスピアを何か読んだことがありますか?」と受講生に聞きました。そうしたら、ほとんどの人が読んだことがなかった。「ほぼ日」の乗組員(社員のことを「ほぼ日」ではこう呼びます)もそうでした。なので「まず『オセロ』を読んでみたら」と提案したんです。すると、一人がさっそく読んできました。その感想は「このオセロって人、あほや」。まあ確かにそうですよね（笑）。

同じような受講生がほかにもいました。その人、最初は「これのどこがおもしろいの？」という感じだったんですけど、オセロ愛に燃えている向井万起男さん（病理医）の講義を聞いた後では、すっかりとらえ方が変わっていました。人間はなぜああいう愚かな行動に追い込まれていくのか。恋愛というものの力はおそろしい。そんな話を聞いて、「なるほどな」と。「ああ、そうか、誰しも犯してしまう過ちというものがあるんだ」と自分で感じる。

一人で読んだときとは別の体験ですよね。深く読むというか、「鍬《くわ》の入れ方」が違ってくるのですから。文字面を追うだけで得る感想と、何かを体にくぐらせて得る感想は違うわけです。何かというのは例えば作品の時代背景でもいいと思います。シェイクスピアがそれを書いたときに、どういう素材をもとにしたのか、どこをどういうふうに膨らませたのか。作品そのものから外れた知識でもいいんですよ。とにかく作品を体感するための材料を用意することが大切だと思います。

松村　「最初に読んだときの私」が感じたものは、実は可能性としてはとても狭いものでしかなかった。一人で本を読むだけでは、そのことに気づくことができない。

でも、ほかの人の『オセロ』の読み方を知ったとき、私だって同じように感じられたかもしれないと思う。おもしろくないと思ったものが後でおもしろいと思えるって、「私の感覚の拡張」という側面がありますね。それが大学のような場にわざわざ人が集まる理由でもある。しかも、毎回先生が違うと、『オセロ』がそれぞれの違う角度から語られて、おもしろいズレが発見できますよね。講座の最後に感想を書いてもらうのですか？

河野　感想文をみんなけっこう書いてきてくれます。でも、それで終わりとはならないですね。いまだに「シェイクスピア講座」の卒業生たちがつながっていて、一緒にシェイクスピアの芝居を見に行ったり、〝同窓会〟ができています。私たちも「講座が終わった、はい、さようなら」ではなくて、どういうふうにつながりをキープするかを考えます、それが卒業生の期待でもありますし。「シェイクスピア講座」のときは、最後に文集をつくったんです。みんなで芝居を見に行って書いてもらった劇評や、『マクベス』の中の長いせりふの訳文を集めたりして。最初に私の「卒業生に贈る言葉」があって、全一四回の振り返りがあり、劇評があり、翻訳をのせ、というけっこう立派なものですよ（笑）。

松村　すごいですね。冊子の形でみんなもらえるんだ。でも、その「終わりがない」ってところも重要ですね。学びって、授業が終わったり、単位をとったり、卒業したら、終わりではない。大学の四年間のなかで何かを得るというより、その四年間で、その後に一生つづく学びのきっかけを手にしたり、学び方を身につけたりする。もちろん、そこで人生の学びの友を見つけることも含めて。いまの大学改革は、授業の時間や四年間という期間で「学び」の成果を評価しようとするのだけど、終わりがない学びに向けて大学の学びを位置づけなおすという視点は必要だと思います。

ライブがうながす学び

松村　「ほぼ日の学校」では、参加型で受講生が声を出したり、自分の身体も使いながら学ぶ機会が積極的につくられています。演出家の方など、一方的に知識を伝える、受け取るというのではないことを普段やっているから、受講生を巻き込んで考えさせ、体感させる仕掛けがうまいんですね。

河野　そう思います。教室の、あのデザインの部屋で学ぶのがいまの大学ですが、それはある時期からの話であって、その昔、プラトンのアカデメイア、イソクラテスの時代などは、アゴラ（広場）でやったわけでしょ。人が集まってきて丸くなる。肉声の届く範囲があって、聴衆の顔が見えただろうし、やじもあったかもしれない。そういう空間のなかに学びの場があった。一方的に誰かが教えるのではなく、場が何かをもたらすことを自然にやっていたと思いますよ。いまでいう、ワークショップのようなことだったのではないと。

「ほぼ日の学校」の講座は、受講生が九九人で、机もない教室に、びっしりみんな座っているんですよ。でも、その熱量はすごいものです。河合祥一郎さんは「こんなに乗せられてしゃべることは大学ではない」とはっきりおっしゃいます。翻訳家の松岡和子さんは、すごい「圧」を感じるとおっしゃいました。「この人は何を語ってくれるだろうか」という受講生の「圧」を感じる、それによって自分が引き出されていく、と。

松村　私も学生にもっと乗せてほしい、引き出してほしいって、いつも思っています（笑）。学ぶ側とともに教える側も変わるってことが教育においては大きいと思うんです。教える側と学ぶ側が逆転していって、ともに学ぶ状態になる。いまの大学はそうなりにくい。先生の話を一方的に聞いていてもその逆転は起こらない。そもそも学生は必ずしも関心がなくても、この時間があいているからという理由で授業を履修したりする。シェイクスピアを学んでやろうと思って来るのと、時間割のメニューから適当に選ぶ姿勢では、授業がはじまるときから全然違う。

河野　大学だと、巧みなファシリテーターとしての教師が一人いて、学生たちの一週間の成果を引き出して方向づけをするとかね。ゼミだとそうなるかもしれません。松村さんは、そういうのが上手そう。

松村　いやあ、ほんと試行錯誤です。

河野　でも、試行錯誤は、先生が見せることのできる大事な要素ですよ。プロのファシリテーターみたいに、あまり司会役がうま過ぎてもだめなんで。アクティブ・ラーニングだって絶対にマニュアル化していくわけじゃないですか。そうなると、また白けますよね。演出家がさすがだと思うのは、マニュアルに日変わりのメニューを加えて、あえて偶然の出来事をつくりだすところです。これは大変なものです。

松村　何が起きるかわからないライブの部分って、大切ですよね。偶然を排除してライブであることをやめると損なわれる学びがある。それをうまく大学人が発信していかないと、今後はどんどんビデオ授業になっていくと思うんです。いま、大学では、シラバスをきっちり書くことが求められます。一回目は何について話して、予習復習はこれをしなさいというふうに、一五回分の計画を出せと言われます。学習目標、到達目標などの「目標」が設定されて、そのあらかじめ決められたゴールに向けて予定調和で学びを組み立てていこうとする。途中で何があろうと計画どおりにやらないといけないなら、「じゃあもう授業はビデオでいいんじゃないですか？　コスト削減という意味でも手っとり早いですよね」という話しにすぐなりますよ。でも、それだと何かが決定的に失われる気がするんです。

河野　そこなんですよ。もちろん授業料に対して、知識のパッケージをお渡しするということはあります。それって交換規範ですからね。松村さんが『うしろめたさの人類学』（ミシマ社）で書いていますよね。「学生は、大学の授業の内容なんて、やがて忘れる。自分も大学で受けた講義の中身は、ほとんど覚えていない。それがどんな役に立つのか、目に見える成果がいつあらわれるのか、教員にも、学生にも、前もってわかるものばかりではない。／おそらく学生に残るのは、教壇の前で誰かがなにかを伝えようとしていた、その『熱』だけだ。学生のなかで、その『熱』が次のどんなエネルギーに変わるのか、教員の側であらかじめ決めることはできない。そもそも学生たちは、何者にでもなりうる可能性を秘めている。授業で語られる言葉、そこで喚起される『学び』は、相手の必要を満足させる『商品』ではない。どう受けとってもらえるかわからないまま、なにかにつながるかが未定のまま手渡される『贈り物』なのだ」と。

つまり、教える側のえも言われぬ熱を学生は受けとる。それを渡す側は学生の中でそれがどういうふうに展開していくかは読めない。受け取った人間はそれぞれにキャッチして、ある人は大きく花開かせていくかもしれない。せんじ詰めると、それはどうなるとも知れない「ギフト」なのだと。

「贈与」の原理が学びと教えの一番大事な部分だと考えるならば、対極にあるのが、「完璧なパッケージをつくってお届けします」という商品経済における交換の原理でしょう。そういうパッケージからはみ出す、教えることの本質的な部分は、贈り物を届ける側の表情であるとか、届ける行為に乗せる熱量ではないですか。

松村 知識でなくて、知識を蓄えた人に会いに行く、という話にも通じますね。そこに生身の人間が関与してはじめて知識が意味をもつ。でも、文科省や社会に対して「熱量が届いています」といってもわかってもらえないですし、成果としては目に見えないですよね。いま、大学は最終的に卒業試験のようなものをしてくださいと言われています。工業製品を出荷する前の最後の点検みたいに、卒業生のいわゆる質保証をしてくださいと。試験で点数を出すのとは別の学びを得るために大学があるのに、最後に「はい、これだけ点数とれたので、クリア」みたいな発想が出てきてしまう。何でこんなにずれてしまうんですかね。

本来、人間が成長するって、身長が伸びていくのを数字で見るのとは違うんだから、テストの点数なんかで評価しても仕方ない。点数は確かにわかりやすいけども、学生の中に生じている学びはそんなにわかりやすいことじゃないし、いつか「クリア」される終わりやゴールがあるわけでもない。そのために卒業論文という単純に点数化が難しい関門が課せられている。一、二年かけて自分で問いを立て、アプローチを考え、答えを出していく。その長いプロセスのなかで、学生自身も気づかないうちに学んでいるわけで。河野さんが先ほど「ほぼ日の学校」

に来ると、ちょっと関心のもち方が変わるとか、感じ方が変わるということを言っていましたね。こういうのは指標化できないし、ましてや「この人のほうがこの人より成長した」といって単純に比べるものでもないですよね。自分自身の過去と未来をみずから比べることしかできないわけで。いまの大学でやられている教育効果の可視化って、ほんとうにそれが成果なのかを問わないまま成果らしきことを数値化しようとしているのではないか。そのために多大な時間とエネルギーを費しているように思えます。

河野 いまの大学が、そこまで来ているとは思っていなかった。でも数値による学びに飽き足らない大学生もいるはずで、そういう人は必ず世の中に出てくるはずです。そういう部分を「ほぼ日の学校」が引き受けるのかもしれない。きっと大学を卒業して、社会人を何年かやっていくと、壁にぶつかって、いろんなことを考えはじめますよね。そのときに違った角度の学びの場や、出会いの場として「ほぼ日の学校」を楽しんでもらえたらありがたい。

松村 大学の現場も「大学改革」とは別の視点で、頑張っていろんな取り組みをしています。今後、社会がどういうふうに変化していくかわかりません。企業がこれまでと同じように出身大学の名前で人を採っていくかどうかもわからない。企業がグローバル化していくと、日本の大学の偏差値とか、意味をもたなくなる。だとしたら、大学はもっと開かれたものになっていくべきですよね。みんな一八歳になったら、とりあえずどこかの大学に入る、というあり方は変わっていくはず。一回社会に出た人がもっと気軽に大学に入れるほうがいいですよね。

もしそれが大学にできないとなると、その部分は外部が担うことになるでしょう。いまは大学などの学校制度の外にいろいろな学びの場がつくられています。私も本屋さんで寺子屋をやっていますが、すごく意欲的な社会人やお母さんたちなどが来られます。いろんな経験をした人たちがそれぞれの見方で発言して、反応するからおもしろいんですね。多様だからこそ私のほうが教えられる。「ママの視点から見るとこういうことなのか！」とか。こちらのほうが本来の大学っぽいなあと感じます。

教える側が変わる

松村　大学は、存続の危機にあって競争にさらされているはずなのに、社会にどんな

「学び」への欲求があるか、あまり見えていない気がします。大学という制度化された場の外で学ぶほうがメリットになりつつある。自由なプログラムをつくれるとか講師陣が多彩であるとか。河野さんは、どういうところに「ほぼ日の学校」の強みがあると思いますか。

河野　講師を「編集」できるところは強みですよね。大学の先生以外にも、そのテーマについて語れる人はたくさんいるはずだと思って人を選びます。私たちはカルチャースクールがモデルというのではありません。ビジネスモデルとしては向こうの方がはるかにうまくやっているし、たくさんの講座でお客さんを集めることができるし、ある需要に着実にこたえていると思います。こっちは一回一回手づくりで、ひいひい言いながら、しかも収支の面ではまだ持ち出し状況です。でも発展の可能性や、やっていることの手応え、社会的な意義について、私たちは自信を深めています。遠景が見えている、という意味では先々の望ましいイメージは見えています。

そういえば、最近おもしろい本を読みました。岩波ジュニア新書で、『めんそーれ！　化学──おばあと学んだ理科授業』という、沖縄大学学長の盛口満さんが書いた本です。この方はもともと昆虫の研究者で、たまたま頼まれて、那覇市内にあるフリースクールの夜間中学で化学の授業をやることになります。沖縄戦が住人を巻き込んだ戦いになった上に、戦後も満足に学校に通えなかった人、家の手伝いで学校の門をくぐったこともない女性たちが、いま六〇代後半とか七〇代になっている。こういう人たちが夜間中学に来るわけです。だから、いきなり化学式や元素記号の説明から入っても通用しないので、盛口さんは彼らにわかってもらうにはどうしたらいいか、授業の組み立てを考えるんです。おばあたちが「先生、こういうこと?」と自分の経験をもとに盛口さんに話をする。そのなかで、なるほどと先生の目が開かれていきます。

ほかの授業でも、おばあたちがすごい存在感を放っていて、ひとことひとことがずっしりくる。そういう人たちと話すだけで、教師は既にして変わるんですね。おばあたちに何かを伝える、教えることは、つまり自分に何を求められているかを問うことと同じです。人間力を試されているから、教える側が変わらざるを得ない。

一方、生徒であるおばあたちは、「ああ、こういうことか」と知識を得て、初めて自分たちが経験値として持っているものを確認する。「やってきたことは間違っていなかった」とか「そうか、それでうまくいかなかったんだ」とか、理解のプロセスがはじまります。知識があって人生経験を積むのではなく、人生経験を積んだ後で知識を得て、それまでの経験を確認する。ふつうの「学び」とは順番が逆ですが、なかなかおもしろいなと思いました。

学び直しの機会を社会でつくっていくことが大事です。いまはシニアの教養講座もありますが、もう少し違うことも必要になってくるんじゃないかな。中高年になって「人生失敗したよな」と思うことはけっこう多い。そんなときに、たとえば『オセロ』を読んだら「そうか」と思い当たることがあるかもしれない。いま無用のレッテルをはられている学問と向き合ったり、詩や小説を読んだりして、本当におもしろいと感じられるのは、中高年以降かもしれないです。問題は、そういう出会いの機会があることで、そうした場やアクセスが確保されていることが大事です。

松村　受講生には現役のビジネスマンも多いとおっしゃっていましたが、シェイクスピアにしろ、『万葉集』にしろ、学んだところですぐに稼げるわけではないですし、ビジネスの現場にすぐ役立ちますといったことでもない。社会に出たあとにもう一度学びたいというときに、何がモチベーションになるんでしょう。学び損ねたという思いがあるのでしょうか。

河野 ふだんなかなか出会えない人やすてきな言葉にめぐりあうと、自分が励まされている、豊かになっている、という実感があるんだと思います。表情が生き生きしていますから。

松村 そうか。何かを得るっていう発想ではなくて、楽しいということなんだ。何かと何かの交換ではない。学びは本来、楽しい時間だ、ということか。

河野 そうですね。楽しいということが、すでにして自分を表現しています。楽しさが顔にあらわれているということは、享受している楽しさだけでなく、自分の中にあったポテンシャルが表現されているということです。知識を受容しているだけじゃない。テレビを見て笑っているのとは違うよろこびが表情からもわかります。「講座の帰りに興奮して、電車に乗らず、そのまま学校を出て、青山通りを歩いて渋谷まで帰りました」とか「家に帰ってもまだ興奮がさめないとか」いうメールをいくつもいただきます。青春ですよ。すごいことだと思いますよ。

松村　そういうのって、学ぶ側の準備が整うと起こるのかもしれませんね。同じ授業を一〇代で受けて同じように感動できたかっていうと、そうじゃないかもしれない。人によってそのタイミングが違う。経験を積んだからこそ揺さぶられることもあるでしょうね。音楽とか演劇とか映画でもそうだと思うのですが。

いまの大学は同じ年代の若者を集めて、受験というフィルターを通して均質な学力の学生だけを相手にします。それで四年で卒業してください、卒業したらすぐ就職してください、とやっている。これって、教える側も、学ぶ側も不幸ですよね。教員としては、授業をおもしろいと思ってくれる人に聞いてほしいし、こちらの話しに反応する人に教室にいてほしい。残念ながら、学生みんなが教室で楽しい時間を過ごしているふうに見えない。本来、学びは楽しいし、好奇心でわくわくする豊かな時間のはずなのに。

古典の力

松村　これまで講座を重ねてきて、「ほぼ日の学校」の「ごくごくのむ古典」というコンセプトへの手応えはどうでしょう？

河野　「万葉集講座」を聴講して「人生が変わった」と、いみじくも糸井重里さんが言ってくれました。糸井さんはこれまで、短歌も俳句も、どうやら避けて通っていたらしいんです。ところが、この講座に出はじめてから、「短歌は強い。日本人の中には脈々とそのDNAが流れているんだな」と目覚めたと言います。「人生が変わった」っていう糸井さんの言葉が、何より大きな手応えでした。

松村　古典には私たちの目を開く力があるんですよね。いま話題になるのは新しいテクノロジーとか先進的なものばかりです。AIとか。その未来に向けてどう教育するかに意識がむいているとき、真っ先にいらないと思われるのが古典です。でも、人間という存在が変わるかもしれないときこそ、人間が普遍的にどうであったかをベースにしないと見えないものがある。むしろこれからの時代、人間らしさって何なのか？　という問いを考えることしか人間には残らないかもしれない。それって、自分たちの足元を掘り下げたり、そもそも自分たちがどんな存在だったのか、歴史をたどりなおしたりして確認していく作業ですよね。

河野　経済学者の猪木武徳さんが、古典はエスタブリッシュになることを自ら防いでいるという話をされていました。古典の持つ厚みというか、どのようにでも読める懐の深さがありますよね。それゆえにひとつの答えに収斂するのを自ら防いでいるんじゃないか、と。シェイクスピアにしても『万葉集』にしても語り尽くせない、何回やっても終わらないという感じがあります。

松村　そういう感じが受講生に残ることが大事ですね。「あっ、わかった」ではなく、知れば知るほど、簡単にとらえられない、もやもやが尽きない泉のように湧いてくる感じが。

河野　通崎睦美さんという木琴奏者がいます。彼女のもとにはコンクールを目指す学生がコンクールの時期になると来るそうで、そういう人はそれなりに上達するのですが、コンクールが終わると来なくなる。だけど、彼女は技術を教えて「はい、さようなら」ではないんだ、伝えたいのはそこじゃないのに、と言うんです。目的が限定されているから、とりあえず要求には応えるけれど、本当はその周辺や先にあるものを一番伝えたい。あなたはこの楽器とどう向き合うのか、といったことを一番伝承したいのに、と。

松村　さきほどの話と重なると思うんですけど、いまの教育は到達点が決まっている。何回授業を受けたら終了となっているので、学生たちは最短距離で、できるだけ楽にそこにたどり着こうとします。でも学びは、そのプロセスでわくわくしたり、どきどきしたりするなかで生じる。その間の部分がなくて、最後のレポートを出せばいいんじゃないかという話になっている。だから、ネットからコピペしたような安易なレポートを出す学生も出てくる。コンクールで認められるのがゴールとしたら、それを設定することで、失われてしまうものがあるかもしれない。だいたい決められた時間で物事が「わかる」はずがないんです。授業をやって、あとは学生が自分たちなりに何か受けとったものから本を開いたり考えたりしていかないと、本当の学びは醸成されない。

河野　「万葉集講座」でノンフィクション作家の梯久美子さんに、『昭和万葉集』について話してもらったんですが、話が盛り上がって、彼女が一番語りたいところに時間が割けなくなってしまいました。とにかく熱く語っていったら、どんどん前の部分が膨らんでしまったんです。わかりますよね、その気持ち。それで補講をやることになりました。すると、九九人のうち八一人が、八月半ばの補講に来ました。すごいでしょ。受講生のほうも、「これであがり」だなんて思っていないんですよ。

松村　いま大学は一斉に授業時間数の変更をはじめていて、私のいる岡山大学では九〇分だった授業を六〇分の二コマにしたり、東大などは一〇五分に変えたりしています。時間をいじると何か改革していることになるようです。

でも、本来は、伝えたいことが終わらないならそのまま続けなきゃいけない。時間が来たから止めるものじゃない。何回やれば満足いくものになるという目安はないですよね。授業時間は学びのプロセスの一部でしかない。私も、卒論の添削などは、学生が修正してもってくる限り、延々やります。いまのように制度化してシステム化が進むと、河野さんがおっしゃった鍋を囲んで議論したような経験は余計なものになる。そんな時間的余裕がいまの大学にはない。そういう場でこそ豊かに学びの発酵が進むというのに。

学校の外側で学ぶ

河野　いま読書会がはやっていますが、私たちもそれを考えています。本の読み方は自由だし、人の読み方はさまざまなので、立場の違う人の話を聞くのがとても刺激になって、自分の感じ方が鍛えられたり、確かめられたりします。「ほぼ日の学校」では、そんな大人の読書会をやってもいいな、と。

囚人たちの読書会ってありますよね（『プリズン・ブック・クラブ――コリンズ・ベイ刑務所読書会の一年』アン・ウォームズリー、紀伊國屋書店）。普通の人とはちがって彼らの読みは深いし、生々しいです。スタインベックの『怒りの葡萄』を読んで、登場人物はとことん絶望しているはずがないとか指摘する場面がでてきます。人間認識について意外な意見があっておもしろいんですよ。

松村さんがやっている私塾に近いかたちの寺子屋も、あちこちで生まれていますよね。能楽師の安田登さんもやっています。いろんな人が行っていて、（浪曲師の）玉川奈々福さんも熱心に通って古典を学んでいる一人です。

松村　読書会って、純粋に楽しむために集まるんですよね。学びを学校にだけ押し込めてきた結果、学校がどんどん学びを形式化してそれをこなすだけの場になっていくなら、「自分たちでやればいいんじゃない？　偉い先生がいなくてもいいじゃないの」となる。自分とは違う読み方にふれるだけで、学びは生まれていくし、その経験が楽しめる。寺子屋も、なんでこんなにわざわざ勉強しに来るんだろうと思うほど、知的好奇心にあふれた人たちが集まります。

河野　松村さんが寺子屋をやっている中で変わってきたなと実感することはありますか？

松村　まだ今年で二年目なんですけど、去年は石牟礼道子さんの『苦海浄土』、今年は民俗学をテーマにして、池澤夏樹編『南方熊楠／柳田國男／折口信夫／宮本常一』（日本文学全集14、河出書房新社）を読んでいます。前回は少人数にしぼって一人ひとりに語ってもらった。今回は希望者が多かったので講義スタイルをメインにしたんですが、めいめいが話す時間になると発言がわーっと出てきて。そうか、やっぱりみんなしゃべりたいんだな、と。作品の背景知識を得るのもいいけど、それを自分の生活につなげてみたい、自分が読み取ったものを共有したいという欲求がすごくある。だから、私が教えるというよりも、仲間と学びあっている感じです。

去年、最後に打ち上げと称して、みんなで料理を持ち寄ってパーティをして、水俣のドキュメンタリー映画を見る会を催したんです。ほとんど同窓会のような雰囲気になりました。年齢も職業も住んでいる場所も違う人たちが、同じものを読んで語る。そうすると、教えている人から知識を受けとるというより、隣の人の言っていることに響き合う空間が生まれていく。ひとつの本が違う人の経験のフィルターを通していろんなふうに読まれる。その多様な読みがつながっていくのがおもしろい。私は教える者というより、その場の一員でしかないという、すごくフラットな空間になっていきました。最初はまったく予定していなかったんですが、みんなで最後に文集を和綴じで手づくりするワークショップをやりました。いま気づきましたが、「ほぼ日の学校」とほとんど同じことをやっていますね（笑）。

河野　おもしろいですね。『ニューヨーク公共図書館　エクス・リブリス』が評判になりましたね。あの映画の中で、ガルシア・マルケスの『コレラの時代の愛』の読書会をやる場面が出てきて、一人一人がしゃべっている。あれもけっこうおもしろい。

松村　深いですよね。学びの民主化じゃないですけど、誰しも語る権利はあるし、人の話を聞くと意外とおもしろい。知識の量に多い少ないがあるというよりも、歩んできた人生が違うし、感じ方の違いがあるだけ。違うって、おもしろいんです。大学の授業で学生に先にテキストを読んでもらって、疑問や考えたことをパワポで映しながら見せると、みんな「同じ教室の中でこんなに違うことを考えているやつがいるんだ」とすごく感心したり、「自分は何でこんな平凡なことしか思いつかないいんだ」とショックを受けたりする。私の話より、同じ教室にいる学生のコメントのほうが、よっぽど刺激になる。

人はそれぞれ違いがあるのに、社会の中では決まった指標で順位づけされる。学歴があるない、こういう職業についているとかそうでないとか。でも、同じ基準で上か下かではなくて、「違う」こと自体がおもしろくて、違うからこそ互いに刺激を与える存在になれる。学生を見ているとその重要性をすごく思うんですよね。こういうのは、数値化される学力とは違う部分です。

「これからの大学」に向けて

松村 大学の一つの危機は、教室の中の多様性がなくなってきていて、同じような年格好の、経験も似ている人たちを集めてしまっていることです。すごく小さな世界。塾に通って同じような勉強をして集まってきましたという場所になっている。そうなると、勘違いすると思うんですよ。小さな世界で評価されて自分は勉強ができるとか思っている。でも、先ほどおっしゃった沖縄のおばあには、圧倒的な人間の凄みがありますよね。学歴とか、学力とは違う軸で生きてきた人に触れると、どっちがすごいのかと価値観を揺さぶられるはずです。

小学校から大学までエスカレーター式の学校とか、中高一貫校が注目されている。でも、それって周りにいるのは、ずっと同じような経済力とか家庭環境の人ばかりですよね。社会を見回しても異質な人が学びの場にいなくなっています。もともとは年齢も仕事も違う人がいろいろ言い合って、差異自体が学びの刺激になる側面があったと思うんですけどね。そういう場がつくれればいいのですが。

河野　松下村塾も吉田松陰という絶対的な思想家が真ん中にいたわけではないですよね。塾生にあてた吉田松陰の手紙を読んでも、学友同士の熱いメール交換みたいな感じがします。吉田松陰自身が問答をとおして学んでいるんです。

適塾だってそうではないですか？　緒方洪庵も松陰に近いんじゃないかな。福澤諭吉がどんな塾生だったのかよくわからないけど、福澤とか村田蔵六（大村益次郎）とかいろんな個性の塾生がいて、ひと色だったとは思えません。オランダ語の文献を前に、さまざまな解釈や意見が飛びかっていたのではないでしょうか。

最近、読書会に参加すると、みんなの言っていることがそれぞれおもしろいんですよ。何なんだろうな、この伸び伸び感。昔は格好をつけていたんでしょうね。大学生たるもの感想を言う以上はこう言わなきゃいけない、「弁証法的にどうのこうの……」とか、難しいことを何か言わなくてはいけないとか。いまはＳＮＳでみんながもまれているせいか、あまり構えず、臆せず発言しますね。

松村　「どっちが賢いかゲーム」じゃなくて、もう少しフラットに本を楽しみましょうとか、一緒に学びましょうという場が生まれはじめていますよね。寺子屋でも、言い方はたどたどしいけれど、重みのある意見を言う人、小さい声でも指摘が鋭い人、見た目と全然違うコメントを言う人がいる。素直に思いが表に出る空間になっているんですよね。大学では、なかなかそうならない。それはどうしてでしょうねえ。

河野　ある時期、専門化に走って、「学」を狭く捉える人たちが、大学の先生になったのではないでしょうか。そういう発想でしか学問を捉えていない人たちが大学のある層にいるから、構造的になかなか厳しいのかもしれません。かといって、熱のある贈り物として授業をやれと言っても、急に方向転換はできないでしょうね。

松村　私だって全然できていない。やっぱり学生がそれを可能にするんですよ。最初は伝えたいことが伝わらない。学会で発表するような話をしても、彼らはちんぷんかんぷん。あまりの伝わらなさにひるみます。全然伝わらないし、自分も話していておもしろくない。いかに自分が言葉を持たないかを突きつけられます。やっていることの意味を広げたり俯瞰したり、自分の専門と関係なく生きている人の生活とつなげる具体例を出したりして、理解してもらおうとずっと模索しています。学生のぽかんとした顔を突きつけられるからこそ自分の言葉に向き合います。この本自体がそんな学生との「対話」から生まれているわけですが。

研究は研究大学でやって、学生の教育は教育大学に、と大学を区分けしようという流れもありますが、私はあまり健全ではないと思います。研究者にとって初学者に伝わるように話すのはすごくチャレンジングなことで、自分の研究を広い視野でとらえなおす必要な契機だと思うんですよね。私自身もそういうふうにして学生に鍛えられてきました。専門の壁を破ってくれるのは、目の前にいる何も知らない学生です。

私はよく授業を反転型の対話形式でやります。全員と教室で対話はできないので事前にテキストを読んでもらって疑問や感想を書いてもらう。それをスクリーンに示しながら進める。授業全体が、その学生の言葉への応答で成り立っています。学生の意見を整理していくつかに分類していると、こちらが気づかなかったことを学生は気づいていたり、「えっ、そこでひっかかるの？」と驚かされたりすることも多いです。一方的に私がしゃべっているだけだと、それもわからないまま通り過ぎてしまう。

ときどき授業の最後に学生に言うんです。「皆さん、ここまでずっと授業をやってきましたけど、この授業をつくったのは皆さんですからね。スライドにあるのはすべてみなさんの言葉。私は整理役であって、じつは授業をつくったのはみなさん学生なんですよ」って。先生が用意した情報を受けとるのが授業だと思っているけど、大学の授業は自分たちがつくるものなんだと思ってほしい。大学は、教員も学生もともに学問をする場なので。

河野　それは読書論にもつながっていくと思うんですよね。テキストを正確に解釈して一つの答えを見出すのが読書だというのは、誤った考えです。絵画だってそうです。観客論っていうか、見る側に解釈が委ねられていることが前提です。教育は動的なものであって固まったものじゃない。私も「ほぼ日の学校」をやりながら、この空間をつくっているのはつくづく受講生だなと思います。

松村　いまはどこの大学も授業評価アンケートが大学に導入されていて、学生が教師を評価しています。授業に満足できたかとか、声がよく聞こえたかとか、板書がきれいかなどの項目があって、ポイントをつける。でもこれって誤解されてしまうと思うんですよ。「私はサービスの享受者で、先生のことを評価するお客さんだ」となる。満足したいと思って前のめりで話を聞かない限り、授業に満足するわけないし、そもそも「満足」だけが学びの指標ではない。ときには反発を覚えたり、こんなのつまらん、と思うことも、学びの一部です。自分は何に関心があって、何には関心がないのか、気づけるわけで。つまり、アンケートは授業を評価しているというより、学生の側の姿勢自体を問うているものなんです。逆に、授業で出す課題レポートは、学生は自分が点数を先生から付けられていると思っていますが、私は教員の側が問われていると思って採点しています。ああ、こんなに伝わっていなかったのか、学生の好奇心を刺激できていなかった、と自分の至らなさを突きつけられています。評価でF（不可）をつけるって、私自身にFがついたのと同じなんです。

学びを楽しむ旅へ

松村　河野さんは大学時代からたくさん旅をしてこられました。学びと旅はどこか似ているところがあります。日常と離れて新たな気づきを得たり、意外なことをおもしろいと思ってしまう自分自身に気がついたり。

河野　目の前の風景が変わるだけでいろいろな発見があります。ただ、いまの旅はちょっとちがうかもしれません。飛行機で飛んで行って、与えられた情報を目で確認して短期間で帰ってくる旅ですから。インターネットである程度のイメージをとりこんでから行くわけです。行った先で「あった！」と確認して、満足して帰ってくる。

松村　授業が準備されたメニューをただ消化するものになっていく状況と似ています。本来、旅は何が起こるかわからないからおもしろい。偶然足を踏み入れた店でむちゃくちゃおもしろい経験をしたとか、思いがけず料理がおいしかったとか、そういう予想外のことに喜びがあるのに、いまは事前にネットにすべて情報があって、それをなぞるような旅が増えている。偶然がリスクだとか、不安だと捉えられているんでしょうか。

河野 ホテルのフロントが何カ国語もできて、スムーズに客を受け付けて、部屋は熱いシャワーが出て冷暖房がきちんとしていてベッドが清潔で、といったことが、ホテルの★の数になって、それが評価の中心になったら、わけのわからないところに転がり込む『深夜特急』のような旅はやっていられないでしょう。それを旅の醍醐味だと思っているあんたたちは古いと言われるかもしれません。

それなら、いっそ町の古本屋に迷い込んでみるほうが新鮮です。新刊書店で見られない本の置き方をしている古本屋なんておもしろいですよ。図書館を歩くのも、美術館に行くのもいいですね。自分の頭をリシャッフルするようなところにふらっと行く。パッケージ化された旅で海外に行って、土地の空気を吸ったつもりになるくらいだったら、自分を揺さぶってくれる身近なところに行ってみる。それだけで大きな変化じゃないかな。映画でもいいと思う。映画って行ったことも見たこともない社会について学べます。情報量が多いし、その土地に生きている人たちの人情の機微やふつうでは見えないものを見せてくれるし。

松村　学びが、お勉強とイコールになってきたことに不幸のひとつがあると思うんです。学問は勉強ではない。学ぶことを楽しんではいけないって不幸です。大学は、我慢して勉強する場所ではない。たぶんイノベーションとか、あらたなクリエイティブな発想って、そんな好奇心とか楽しみにあふれた空間でしか生まれないはずですよね。いやいやながら、これをやらなきゃって義務感にかられるような場に学びは生まれない。

河野　スポーツも昔はそうでしたね。苦しまないと一人前になれないみたいな。

松村　水を飲んではいけないとかね。心が動くことで見方が変わったり、違う自分に気づいたりすることが学びだとしたら、楽しむことと学びは近いところにあるはずです。それなのに、「学校での勉強が楽しいはずないでしょ、我慢してじっと座って聞きなさい」と言われる。そうでない楽しい学びの空間にどうやってこれからの大学をしていけるのか、問われているように思います。

河野　中学校のとき、授業中に笑うなって言われた気がする（笑）。笑うことは禁じられていたんじゃないかな。勉強って真面目にやるもんだって怒られた。

松村 私は、むしろ授業で学生にもっと笑ってほしい（笑）。その反応からこっちも刺激を受けるし、乗せられるわけで。「ほぼ日の学校」では受講生は笑顔にあふれていて、みんなきらきらした顔で授業を受けている。楽しくて心が揺さぶられたり、わくわくしたり、どきどきすることが学びを駆動していく。大学改革では、大学をおもしろくて楽しい場所にしなさいとか、みんながニコニコして学べる授業をやってくださいとは誰も言わない。シラバスどおりに厳格に授業をやって、卒業する学生の質管理をしてくださいとは言っても。まったく楽しくない方向にいっている。何か間違っていますね。

河野 間違っています。大学でそれをどう実現するかについては私も答えを持ち合わせませんが、楽しい学びを欲している人たちがいることは「ほぼ日」で実感しています。自分としてはおもしろい授業をやりながら、改めて学びの楽しい側面を知った人たちが、さらにそれを伝播させていく波の力を信じたいと思います。彼らが周辺の人たちによき影響を及ぼしていってほしいと願います。

河野通和さん（左）と著者

おわりに　終わりなき学びに向けて

いま大学は変革の渦のなかにあります。さまざまなあたらしいコンセプトや提言が次つぎと降ってきます。プロジェクト・ベースド・ラーニング、アクティブ・ラーニング、スーパーグローバル大学……。いろんなカタカナ英語が過ぎ去っていきました。

最近は、大学が自分たちのアピールとして、SDGs（国連の持続可能な開発目標）を掲げたり、Society5.0とかいう、人類学者にしてみたら学術的にほとんど意味をなさないキャッチフレーズまで出てきました。数年もたたないうちに使われなくなりそうな言葉ばかりです。

大学は、自分たちで何がほんとうに重要なのかを考えようともせず、そうやって上から降ってくるあらたなコンセプトをそのまま復唱するばかりです。

大学の学びにとって何が本質的なのか、自分たちがどんな時代に生きていて、何を学生に伝えていけるのか、じっくりと議論する余裕がいまの大学では失われつつあります。いったい誰のために大学があるのか、と首を傾げるような状況です。

大学は、政府や経済界のために存在しているのではありません。目の前の学びたいと目を輝かせる学生たちとどうやってともに学んでいくのか、社会における学問の役割はいったいなんなのか、自分の言葉で考え、発信することが重要なはずです。

この本では、「これからの大学」をテーマに考えてきました。ただし、ふわふわした未来のコンセプトを思い描くのではなく、ちゃんと「これまでの大学」にはどういう学びがあったのか、そもそも大学ってどんな場だったのか、自分たちの歩みを振り返ることに重点をおいてきました。読んでいただいた方は、「これから」とか言いながら、振り返っているばかりじゃないかと思われたかもしれません。

でも、現在に至るまでに何があったのか、そのなかで重要だったのは何か、そのそもそもの原点を問うなかにしか、おそらく未来を考える確実なヒントはありません。何しろ、大学や学問という営みは、数千年の長きにわたって続けられてきた人類の文明の歩みそのものなのですから。

いま、各大学は短期的な数値目標を掲げ、それをどうこなしていくかに振り回されています。この本を書こうとしたそもそもの目的は、そんな「大学改革」を批判することでも、そのオルタナティブを提示することでもありません。私の短い大学人としての経験を振り返り、自分が学生として経験した大学や、出会ってきた学生たちの姿を思い浮かべながら、私自身の問題として大学のあるべき姿を考えるために書いてきました。

河野通和さんとの対話では、少し上の世代の大学での経験にも耳を傾け、私自身の経験との共通性や、いまの学生が通う大学との違いを見いだしながら、変わったことと変わらない普遍的なものを探り出そうとしました。そして、いま起こりつつある学びの場の拡大という動きから、どうやってあらたな学びの可能性を広げられるのかを考えました。

それはあくまで自分の経験や他者の経験に根ざしながら、生きている人間の目線から世の中を考えようとする文化人類学的な思考の道のりでした。これまでフィールドワークのなかで、自分の蓄えてきた知識や経験がいかにちっぽけなものであったかを突きつけられ、現場で出会った人たちの営みからいまとは違う世界が可能なんだということを学んできました。そして大学教員になって学生と格闘するなかでも、「大学とはこういうものだ」という常識を揺さぶられ、いま自分にできること、学生たちに必要なこと、そのあるべき可能性を模索するよう促されてきました。

その手探りで進む試行錯誤は、外から降ってくるコンセプトのようにスマートではないし、終わりの見えない曲がりくねった道のりです。でも現場の人間がその模索の歩みを止めて誰かの指示通りに動く駒になってしまったら、大学の存在意義そのものが失われるでしょう。

トップダウンで一貫性があって、クリアな目標を掲げ、みんながそれに向かって一致団結して進む大学より、個々の教員がそれぞれ試行錯誤を重ね、互いに衝突し、矛盾しながらも、学問への熱い思いが共鳴する深い森のような大学のほうがいい。きっと社会にとっても創造性の源になりうるし、学生たちも、その森をさまようなかで悩み、対話し、学びの楽しさに我を忘れるうちに、予想もしなかった未知の可能性に開かれていくのだと思います。

ティム・インゴルドは、人類学という学問は、寛容で、開かれたプロセスで、比較と批判性を特徴とすると書いています（*Anthropology and/as Education*, 2018, p58）。他者の言動に注意を払い、それに応答しながら、与えられたものを寛容に受けとり、できるだけ相手にお返ししようと努力する。その終わりなきプロセスは最終解決が目的ではなく、他者との関係を継続するためにつねに開かれている。既存の選択肢だけがすべてではなく、比較をとおして、つねに別の道の可能性を探ろうとする。だからこそ、けっして現状に満足しない人類学の営みは批判性を帯びる。インゴルドは、人類学の特徴をこう説明しています。

本書が「大学改革」を批判的に検討してきたのも、これからの大学に向けた別のよりよい選択肢があるはずだという思いからです。人類学者は、そうやって終わりなき探究を、フィールドだけでなく、自分が身をおく大学という場でもつづけているのです。そして、それはあらゆる学問に通底している学びの基本姿勢でもあります。

私自身、大学論とか、教育論を専門にしてきたわけではないですし、あくまで大学の一教員としてごく限られた経験があるに過ぎません。でも、大学の現場とは乖離した空中戦のような議論や、浮ついたコンセプトばかりが乱れ飛ぶ時代だからこそ、きちんと目の前で起きてきたこと、起きつつあることをしっかりととらえて、教壇に立つ人間が自分なりの言葉にしていく作業が必要なのだと思います。

大学という場は、人材の製造工場でも、不確かなコンセプトを学生を使って実験する場でも、できもしない目標を掲げて人を惑わす場でもありません。そこに生きている学生たちの営みがあり、卒業してからもずっとつづく数々の人生があります。

いま大学人は、その生身の学生たちに対して、どれだけ誠実であれるのかが問われていると思います。彼らが人生を歩むなかで何が糧になるのか。そこを考えつづけることからしか「これからの大学」の姿は描けないはずです。

最初にも書きましたが、この本自体が、私の目の前を通り過ぎていった多くの学生たちに「考えろ」と迫られたことに、どう応答すればよいのか、という葛藤から出発しました。それは、これまで出会った学生やこれから出会うであろう学生が大学の数年間をへて、どんな人生を歩んでいくかに思いを馳せる時間でもありました。ここで書いたことが大学だけでなく、すべての学ぶ人のヒントになれば、という思いで学生たちから課された宿題に向き合ってきたつもりです。

この本を書き終えてもなお、正直、これからの大学の学びがどうあるべきか、答えがはっきりと見えたわけではありません。考えの甘さや不十分さを自覚しつつ、その自分の至らなさをあえて言葉にしてきました。本書をさらなる対話の足場にしていくために、読者の皆様の忌憚ないご意見をいただければと思っています。

この本の一部は、ミシマ社のウェブ雑誌「みんなのミシマガジン（旧『平日開店ミシマガジン』）」に二〇一二年六月から二〇一三年三月まで連載した「〈構築〉人類学入門　第二シリーズ」をもとに大幅に加筆修正したものです。構築する人類学をどう大学という場で実践できるか、その私なりの試みの一環でした。

そのほか、自分のホームページに掲載していた文章を使用したり、ゼミの私の話を学生がメモしてくれたものをベースにした部分もあります。これまでの教員生活で直面した葛藤や迷いから出てきた言葉を現時点の経験と重ね合わせながら書きました。まずはこれまでたくさんの教えと刺激を与えてくれた学生たちにあらためてお礼を言いたいと思います。

今回、現代美術家の川上幸之介さん（倉敷芸術科学大学）に装画をご提供いただきました。岡山で川上さんと出会ったことで、これまで無縁だった芸術に関わる人びとと交流する機会に恵まれました。インゴルドの人類学をもとに書き下ろした第5章は、そんな縁のなかで生まれたものです。その川上さんの作品を野津明子さんがすてきな装丁に仕上げてくださいました。

河野通和さんとの対談は、岡山大学での講演会「ことばを考える、ことばで考える――いま僕らに人文学が必要な理由」（二〇一七年一二月一六日）、岡山市のスロウな本屋での対談「ひとはなぜ本を読むのか」（二〇一七年一二月一七日）、春秋社での対談（二〇一九年七月五日）をもとに再構成しました。本のなかで学問には「対話」が欠かせないと繰り返してきました。書き進めながら、ずっと自分の経験だけでは足りないと感じてきたのですが、河野さんと重ねた対話のおかげで考えが具体像を結び、それが大学の外側に広がる学びの可能性とつながっていることにも気づかされました。予定より長くなりましたが、本書の大切な思考の軌跡として採録させていただきました。河野さんの献身的なご協力に感謝します。

前職の立教大学で教壇に立つきっかけをいただき、二〇一九年三月に急逝された阿部珠理先生（立教大学名誉教授）には、五年間の東京生活という私の人生の大きな転機へと導いてくださったことに、心からの感謝を捧げます。あらたな環境での出会いや試行錯誤がなければ、本書は書けませんでした。授業の最後に学生からスタンディングオベーションが起きるという奇跡のような大学教員だった阿部先生は、いつまでも私の憧れの存在です。

最後に、春秋社の篠田里香さんには、前著『うしろめたさの人類学』を刊行した直後に声をかけていただき、これまで辛抱強く、遅々として進まない執筆に伴走していただきました。貴重な機会をいただいたことにお礼を申し上げます。

著者紹介

松村圭一郎（まつむら・けいいちろう）

1975年、熊本生まれ。京都大学総合人間学部卒業。京都大学大学院人間・環境学研究科博士課程修了。京都大学助教、立教大学社会学部准教授をへて、現在、岡山大学文学部准教授。専門は文化人類学。エチオピアの農村や中東の都市でフィールドワークを続け、富の所有と分配、貧困や開発援助、海外出稼ぎなどについて研究。主な著書に『所有と分配の人類学』（世界思想社、第37回澁澤賞、第30回発展途上国研究奨励賞）、『基本の30冊　文化人類学』（人文書院）、『うしろめたさの人類学』（ミシマ社、第72回毎日出版文化賞特別賞）、『文化人類学の思考法』（編著、世界思想社）がある。

これからの大学

2019年12月20日　初版第1刷発行

著　者＝松村圭一郎

発行者＝神田　明

発行所＝株式会社　春秋社

〒101-0021　東京都千代田区外神田2-18-6

電話（03）3255-9611（営業）・（03）3255-9614（編集）

振替　00180-6-24861

http://www.shunjusha.co.jp/

印刷・製本＝萩原印刷株式会社

装　丁＝野津明子

装　画＝川上幸之介

ISBN 978-4-393-37603-4　C0037

定価はカバー等に表示してあります

川崎昌平

無意味のススメ

〈意味〉に疲れたら、〈無意味〉で休もう。

高度情報化社会に生きる私たちは一挙手一投足に至るまで「意味」に紐付けられ、疲弊してはいないだろうか。氾濫する「意味」の束縛から抜け出し、「無意味」を花開かせるための本。　1300円

小川さやか

チョンキンマンションのボスは知っている

アングラ経済の人類学

交易人、難民をも含めた互助組合、信用システム、SNSによるシェア経済。既存制度に期待しない香港のタンザニア人による合理的な仕組みとは。閉塞した日本の状況を打破するヒント。　2000円

西平　直

稽古の思想

「稽古」は武道や芸道などの「道」とどう関係するのか。修行や修養、練習、レッスン、トレーニングとの違いは。「稽古」を知の地平に解き放ち、東洋的心性のありかを探る注目の書。　2000円

蔵　研也

18歳から考える経済と社会の見方

いま私たちの暮らしはどんな局面にあるのか。古今東西の経済史を俯瞰しつつ、AIやアベノミクス、仮想通貨等、現在進行形の社会現象に通暁する術を伝授する、絶好の経済学入門。　1800円

N・トンプソン／大沢章子訳

文化戦争

やわらかいプロパガンダがあなたを支配する

映画、広告、音楽、美術。今や政治家や企業は「文化」を武器に競うように大衆の感情に訴えかけようとしている。選挙CMから都市開発、企業の社会貢献までその仕組を考察。　2400円

▼価格は税別。